**예민한 아이
욱하는 엄마**

내면이 단단한 아이로 키우는 엄마의 말 연습

예민한 아이
욱하는 엄마

박태연 지음

유노
라이프
LIFE

예민한 아이와
욱하는 엄마는 함께 성장합니다

"또 울어? 정말 못 말려. 얘는 왜 이렇게 예민하지?"

매일 아침 어린이집 앞에서 들리는 엄마들의 한숨 섞인 목소리입니다. 그 목소리를 들을 때마다 마음 한구석이 아려옵니다. 그 한숨 속에 담긴 말은 제 어머니를 떠오르게 합니다. 수십 년 전, 그 목소리의 주인공은 바로 저의 어머니였으니까요.

"엄마, 이 양말은 불편해… 다른 양말 신을 거야."
"저 소리가 너무 시끄러워… 혼자 있을 거야."
"친구들이 자꾸 쳐다 봐… 집에 가고 싶어."

어린 시절의 제가 늘 입에 달고 살던 말들입니다. 지금도 선명하게 기억납니다. 등굣길, 어머니가 사 준 옷을 입고 학교에 가기 싫다며 한참을 서서 울던 제 모습을. 그리고 결국 감정을 참지 못하고 화를 내시던 어머니의 목소리를.

"도대체 몇 번째야! 왜 이렇게 예민하니? 네 동생은 저렇게 씩씩한데!"

그때 어머니는 몰랐을 겁니다. 단순히 '예민한' 성향이 아닌, 세상을 더 깊이 느끼는 '예민한 기질'이 있다는 것을 말이죠. 저 역시 이 사실을 이해하게 된 것은 한참이 지나서였습니다. 제 예민함이 사실은 특별한 재능이 될 수 있었습니다. 세상의 미세한 변화를 알아채고, 다른 사람의 감정을 섬세하게 읽어내는 이 능력이 저를 섬세한 상담교사로 이끌었습니다. 심리학을 공부하고 상담교사가 되어 수많은 아이들을 만나면서 비로소 깨달았습니다.

시간이 흘러 이제는 제가 한 아이의 엄마가 되었습니다. 다섯 살 지안이는 저와 똑같은 예민한 아이입니다. 옷의 작은 주름 하나, 양말 끝의 미세한 솔기 하나에도 민감하게 반응하죠. 친구의 작은 말 한마디에도 쉽게 상처받고, 어린이집의 조금 큰 소리에도 놀라 움츠러듭니다.

그런 지안이를 키우는 일은 마치 유리 정원을 가꾸는 일과 같습니다. 섬세한 주의와 따뜻한 보살핌이 매 순간 필요하죠. 매 순간 균형을 잡으려 노력하지만, 종종 중심을 잃고 흔들립니다. 특히 아침 시간이면 더욱 그렇습니다. 출근 시간에 쫓기는 저의 조급함과 지안이의 예민함이 부딪힐 때면, 저는 어김없이 '욱'하고 말죠. 예민한 아이를 키우는 엄마들은 누구나 이런 순간들을 지나고 있는 걸까요?

처음에는 저도 불안했습니다. '이 아이가 세상을 잘 살아갈 수 있을까?' 하는 걱정이 들었죠. 하지만 상담을 하며 수많은 예민한 아이들의 성장을 지켜보면서 깨달았습니다. 예민한 아이들은 특별한 재능을 가지고 있다는 것을요.

얼마 전, 상담실에서 한 학생이 들려준 이야기가 제 마음을 울렸습니다.

"어렸을 때 저는 정말 예민한 아이였어요. 매일 아침 울면서 등원했었죠. 엄마는 그런 저 때문에 많이 힘드셨을 거예요. 자주 화도 내셨고요. 하지만 지금 생각해 보면, 그때 엄마가 화를 내신 게 이해가 돼요. 엄마도 사람이었으니까요. 그리고 그 시간들이 있었기에 지금의 제가 있는 것 같아요."

그 말을 듣는 순간, 먹먹해지는 가슴과 함께 작은 희망이 스며

들었습니다. 그렇습니다. 우리는 완벽하지 않습니다. 예민한 아이도, 그리고 그런 아이를 키우며 때때로 감정 조절에 실패하는 엄마도 모두 완벽하지 않은 사람일 뿐입니다.

하지만 우리는 함께 배우고 있습니다. 지안이는 저를 통해 세상과 마주치는 법을 배우고, 저는 지안이를 통해 인내와 이해의 깊이를 더해 갑니다.

상담교사로서 제가 깨달은 것이 있습니다. 예민한 아이들은 천 개의 감각신경을 가진 나비의 더듬이를 닮았습니다. 미세한 공기의 흐름도, 다른 이의 숨겨진 감정도 놓치지 않고 감지하죠. 그 예민한 더듬이가 때로는 세상을 너무 강하게 느끼게 만듭니다.

하지만 바로 그 예민함이 놀라운 재능이 될 수 있습니다. 예술가의 섬세한 감각으로, 작가의 풍부한 상상력으로, 상담가의 따뜻한 공감 능력으로 발전할 수 있는 거죠. 중요한 것은 그 과정을 함께 해 줄 누군가가 필요하다는 것입니다. 그리고 그 누군가가 바로 우리, 때로는 욱하고 마는 불완전한 엄마들입니다.

중요한 것은 예민함을 단점이 아닌 장점으로 발전시켜 주는 것입니다. 부모가 아이의 예민함을 이해하고 강점으로 키워줄 때, 아이들은 놀라운 성장을 보여줍니다.

이 책은 그런 우리들을 위한 이야기입니다. 예민한 아이의 특성을 심리학적으로 이해하는 것부터, 그들의 감수성을 장점으로 발전시키는 실질적인 대화법까지 책에 담았습니다. 전문적인 심리학적 통찰과 실제 양육 및 상담 현장에서의 경험을 바탕으로, 우리가 함께 성장할 수 있는 구체적인 방법들을 적었습니다.

아이의 예민함을 장점으로 키우는 방법, 아이에게 상처 주지 않는 대화법, 자기 감정을 다스리는 아이로 키우는 방법, 아이의 마음을 여는 공감적 대화법, 내향적인 아이를 다루는 방법, 엄마의 감정 조절을 돕는 실질적인 방법도 상세히 다루었습니다. 예민한 아이들에게는 그들의 감정을 인정하고 지지해 주는 대화가 무엇보다 중요합니다. "네가 그렇게 느낄 수 있어.", "그래서 그런 기분이 들었구나."와 같은 공감의 말 한마디가 아이의 자존감을 키우는 씨앗이 됩니다. 이 책은 단순한 육아 지침서가 아닌, 예민한 아이와 욱하는 엄마가 함께 성장하는 여정을 담은 안내서입니다.

오늘도 저는 실수합니다. 지안이의 울음소리에 다시 한번 인내심을 잃어버리고, 후회의 한숨을 내쉬죠. 하지만 이제는 알고 있습니다. 이것이 끝이 아니라는 것을. 매일매일 조금씩 나아지고 있다는 것을. 그리고 우리의 이런 불완전한 성장 과정이 오히려 아이에게 더 진정성 있는 가르침이 될 수 있다는 것을.

전문 상담교사로서, 예민한 아이의 엄마로서 저는 확신합니다.

우리 아이들의 예민함은 결코 단점이 아닙니다. 그것은 세상을 더 아름답게 만들 수 있는 특별한 선물입니다. 다만 그 선물을 어떻게 다듬고 빛내느냐는 우리 부모의 몫이겠지요.

이 책이 예민한 아이를 키우시는 부모님들께 실질적인 도움이 되길 바랍니다. 아이의 예민함을 이해하는 것에서 시작해, 그것을 빛나는 재능으로 발전시키는 여정에 작은 길잡이가 되길 소망합니다.

예민한 아이와 욱하는 엄마가 만나 서로를 이해하고 성장하는, 때로는 울고 때로는 웃는 이 특별한 여정을 우리는 함께하고 있습니다.

예민한 아이들은 마치 특별한 렌즈를 가진 카메라와 같습니다. 그들은 세상의 더 섬세한 부분을, 더 선명한 색채를, 더 깊은 감정을 포착할 수 있습니다. 우리의 역할은 그 카메라의 초점을 맞추어 주고, 더 넓은 세상을 담을 수 있도록 도와주는 것입니다.

함께 성장하며 배워갑시다. 우리 아이들이 자신만의 특별함을 빛낼 수 있도록, 우리 스스로도 더 나은 부모로 성장할 수 있도록. 이 여정의 끝에서 우리는 분명, 서로를 더 깊이 이해하고 사랑하는 모습으로 서 있을 것입니다.

박태연

차례

예민한 아이,
어떻게 말해줘야 할까

4장

아이의 자존감을 키우는 말들

부모와 아이를 연결하는 사랑의 말들

1장

예민한 아이,
어떻게 말해줘야 할까

실수해도 괜찮아

완벽을 추구하는 아이에게 전하는
따뜻한 메시지

"너 또 실수했어?"

"누구를 닮아서 자꾸 실수하니?"

이런 말을 들은 아이는 어떤 생각을 할까요? 아마도 '나는 왜 자꾸 이런 실수를 할까? 어떡하지…'라며 자신을 질책하고 자신 감을 잃게 될 것입니다.

실수에 대한 두려움이 큰 아이는 무엇이든 금방 포기하려 합니다. 새로운 과제나 익숙하지 않은 과제를 시도할 때 실수할까 봐 두려워 아예 시도하지 않는 경우도 있습니다. 실수를 반복하면 아이는 좌절감을 느끼고, 무기력해질 수 있습니다. 실수를 두려

위해 아무것도 하지 않으면 성취감을 느낄 기회도 사라집니다.

실수를 자주 하는 아이의 행동은 내적 불안과 자기 효능감 부족을 나타낼 수 있습니다. 완벽주의와 불안의 관계는 복잡하며 다차원적입니다. 최근 연구에 따르면, 플렛(Flett)과 휴이트(Hewitt) 박사는 "완벽주의는 적응적 완벽주의와 부적응적 완벽주의로 나뉜다"고 설명합니다. 그들의 연구에 따르면, 적응적 완벽주의는 높은 기준 설정과 성취 동기를 포함하며 반드시 부정적인 결과로 이어지지 않습니다. 반면 부적응적 완벽주의는 실수에 대한 과도한 걱정과 자기 비난을 특징으로 하며, 이는 높은 불안과 연관될 수 있습니다.

그렇다면 우리는 어떻게 해야 할까요? 실수를 두려워하는 아이에게 실수해도 괜찮다는 말을 들려주며 안심시켜 주세요. 강압적으로 해보라고 밀어붙이면 아이의 두려움은 더 커질 수 있습니다. 실수를 했을 때에도 긍정적으로 피드백해 주세요.

"괜찮아, 그럴 수 있어."
"이번엔 잘 안 됐지만, 다음엔 더 잘할 수 있을 거야."
"여기까지 해낸 것도 정말 대단해. 너가 자랑스러워"

존 가트만(John Gottman) 박사는 "아이의 감정을 인정하고 공감하는 것이 아이의 정서 지능 발달에 중요하다"고 말합니다. 아이의 실수에 대한 두려움을 이해하고 그 감정에 공감해 주는 것이 중요합니다. 아이가 실수했을 때 느끼는 감정을 표현할 수 있도록 돕는 것도 좋은 방법입니다. 예를 들어 "실수해서 속상하구나. 그래도 괜찮아. 어떻게 하면 기분이 나아질까?"라고 말해 주면 도움이 될 수 있습니다. 이렇게 하면 아이의 마음이 편안해지고, 자신의 실수를 더 쉽게 받아들일 수 있게 됩니다. 결과적으로 아이의 마음이 안정되면 실수하는 횟수도 자연스럽게 줄어들 것입니다.

수연: (걱정스러운 표정으로) 엄마, 나 물고기 이름 다 외웠어. 근데 선생님 앞에서 잊어버리면 어떡해?

엄마: (따뜻하게 웃으며) 우리 수연이가 걱정되는구나. 괜찮아, 사람은 누구나 가끔 깜빡할 수 있어. 그런데 말이야, 우리 지금 물고기 이름 연습해 볼까? 그러면 선생님 앞에서도 잘 기억날 거야.

지수: (눈물 그렁그렁) 엄마, 나 물고기 이름 다 외웠는데 선생님한테 잘못 말했어.

엄마: (아이를 안아주며) 아이고, 우리 지수 속상했겠다. 그래

도 괜찮아. 열심히 외웠는데 실수할 수 있지. 다음에는 더 잘할 수 있을 거야. 우리 같이 물고기 이름 연습해 볼까?

아이들의 실수에 대한 반응은 단순히 타고난 성격 때문이 아니라, 주변 환경과의 상호작용에서 비롯된다는 점을 이해하는 것이 중요합니다. 미국의 심리학자 드웩(Dweck)의 연구에 따르면, 아이들의 사고방식(고정 또는 성장 마인드셋)은 특히 부모의 반응에 크게 영향을 받습니다. 실수를 배움의 기회로 바라볼 수 있게 도와주세요. 아이에게 "이번에 실수한 걸로 뭘 배웠는지 엄마한테 말해줄래?"라고 물어보면서 말입니다. 이는 드웩(Dweck) 교수가 제안한 '성장 마인드셋'을 기르는 데 도움이 됩니다.

지지적이고 긍정적인 반응이 중요하다

부모의 태도는 아이의 자기 효능감에 영향을 미칩니다. 연구에 따르면, 부모의 지지적이고 긍정적인 반응은 아이의 자기 효능감을 높이고 실수에 대한 두려움을 줄이는 데 도움이 됩니다. 심리학자 반두라(Bandura) 박사의 사회인지이론을 바탕으로 한 최근 연구들은 부모의 지지적이고 긍정적인 피드백이 아이의 자

예민한 아이 욱하는 엄마

기 효능감 발달에 중요한 역할을 한다는 점을 강조합니다. 실수한 아이에게 다음과 같은 말을 해 주면 좋습니다.

"엄마가 지안이를 많이 사랑하는 것처럼, 지안이도 스스로를 사랑하는 게 정말 중요해. 친구에게 '넌 정말 멋져'라고 말해 주듯이, 거울을 보면서 '나는 정말 멋진 아이야'라고 말해 보는 건 어떨까? 우리 함께 해볼까? 그러면 기분이 좋아질 거야. 힘들 때도 '괜찮아, 잘했어'라고 스스로에게 말해주면 도움이 될 거야. 우리 지안이, 자신에게도 친구처럼 친절하게 대하는 연습을 해보자!"

아이가 성장하면서 새로운 것들을 배우기 시작할 때 실수하는 것은 자연스러운 일입니다. 부모도 처음 육아를 시작할 때 서툴고 실수를 많이 하는 것과 같죠. 아이가 실수를 하더라도 너그럽게 이해해 주고 다시 도전할 기회를 주는 것이 중요합니다. 맑은 날에 우산을 들고 나가려는 아이에게 다음과 같이 아이의 생각을 물어보고, 맑은 날에 우산을 가져가지 않아도 되는 이유를 알려 줍니다.

아이 : (신나서) 엄마, 나 우산 가져갈 거야!

부모: (호기심 어린 표정으로) 어머, 우산을 가져가고 싶구나. 왜 가져가고 싶은지 엄마한테 말해줄 수 있어?

아이: 우산으로 바람개비놀이 할 거야! 빙글빙글 돌리면 재밌겠지?

부모: (부드럽게) 아, 바람개비놀이 하고 싶었구나. 그런데 우산이 너무 커서 돌리면 위험할 수 있어. 우산은 비 올 때 쓰는 거란다. 오늘처럼 해가 뜬 날에는 필요 없어. 그 대신 엄마가 예쁜 바람개비 사둔 거 있는데, 그걸로 놀면 어떨까?

아이의 생각을 존중하고 대화를 통해 이해시키는 것이 중요합니다. 맑은 날에 우산을 들고 나가려는 아이에게 "오늘 날씨가 어떤 것 같아?", "우산은 언제 필요할까?" 등의 질문을 통해 아이 스스로 생각할 기회를 주세요. 러시아의 심리학자인 비고츠키(Vygotsky) 박사는 이러한 대화가 "아이의 인지 발달을 촉진한다"고 말합니다.

아이가 실수했을 때 대처 방법을 알려주면 다음에 비슷한 상황이 생겼을 때 빠르게 대응할 수 있습니다. 아이가 자주 물컵을 엎지르거나 자전거에서 넘어질 때, 화를 내기보다는 그 상황을 어떻게 해결할지 함께 생각해 보는 게 좋습니다.

음료를 쏟았다면 "괜찮아, 휴지로 닦으면 돼.", "휴지 좀 가져다

줄래?"와 같이 구체적으로 필요한 부분을 알려줍니다. 바움린드 (Baumrind) 박사는 "명확한 지시와 설명이 아이의 자기 조절 능력 발달에 도움이 된다"고 설명합니다. 부모가 대처하는 모습을 먼저 보여준 뒤에 아이가 능숙해질 때쯤 아이가 직접 해보도록 합니다.

이렇게 하면 아이가 실수 상황에서 차분히 대처할 수 있게 되고, 실수에 대한 두려움도 줄어들 겁니다. 부모님도 마음이 더 편안해질 거예요.

평소에 아이에게 실수를 한 상황에서 어떻게 대처하면 되는지 질문해 보고 구체적인 대처법을 알려주는 것도 도움이 됩니다. 실수 대처 카드를 만들어 활용해 보는 것도 좋은 방법입니다.

"접시를 떨어뜨렸을 때 어떻게 하면 좋을까?"
"자전거에서 넘어져 다리를 다쳤을 때 어떻게 하면 좋을까?"

아이들은 부모의 행동을 보고 배웁니다. 부모가 실수했을 때 "난 왜 이렇게 바보 같지?"라고 하기보다는 "다음에는 이렇게 해야겠다"고 말하는 모습을 보여 주세요. 부모님의 어릴 적 실수나 최근의 실수 경험을 들려주면서 누구나 실수할 수 있다는 걸 알려 주는 것도 좋습니다.

"오늘 잠바를 안 가져왔네! 다음에는 현관에 메모를 붙여야겠어."

"가방이 찢어졌네. 고치러 가야겠어."

　실수는 실패가 아니라 성공으로 가는 과정이라고 생각하게 해주세요. 아이들은 실수를 통해 더 크게 성장한답니다. 이러한 접근 방식은 아이의 자신감과 회복 탄력성을 키우는 데 도움이 될 것입니다. 실수에 대한 긍정적인 태도는 아이가 평생 가져갈 수 있는 소중한 자산이 될 것입니다.

집중력이라는 보물

산만함 속에 숨은
특별한 재능

　6살 아이가 쉬지 않고 바쁘게 집에서 뛰어다니고 장난감을 가지고 놀다가 엄마랑 술래잡기를 하자고 합니다. 잠시 후 아이는 엄마에게 블록 놀이를 하자고 합니다.

　한글 공부 시간에는 책상에 앉아 색종이를 접거나 색칠놀이를 하며 집중하지 못합니다. 유치원에서는 친구들과 자주 다투고, 물건을 뺏거나 밀치고 때리기도 합니다. 몸싸움은 안 된다며 주의를 줬지만 아이의 행동은 바뀌지 않습니다.

　이런 아이들의 모습을 보면 부모들은 '아이가 주의력이 떨어지는 것은 아닐까?', '아이가 공격성이 과한 것은 아닐까?', '아이가 ADHD가 아닐까?'라고 고민하게 됩니다. 아이들은 원래 호기심이 많고 활동적이어서 어른 눈에는 산만해 보일 수 있습니다 (Barkley, 2014).

ADHD는 주의력 결핍, 과잉행동, 충동성을 주요 특징으로 하는 신경발달장애입니다. ADHD 아동은 지속적으로 주의를 집중하기 어렵고, 과도하게 활동적이며, 충동을 조절하는 데 어려움을 겪습니다(American Psychiatric Association, 2013). 반면 유아기의 산만해 보이는 행동은 대부분 성장하면서 자연스럽게 개선됩니다. 언어 능력, 인지 능력, 정서 조절 능력이 발달하면서 점차 사라지는 경향을 보이므로 지나치게 걱정할 필요는 없습니다.

떼쓰기, 산만함, ADHD는 각각 다른 개념이지만, 때로는 겹쳐서 나타날 수 있습니다. 예를 들어 ADHD가 있는 아이는 주의력 문제로 인해 쉽게 죄절감을 느끼고, 이로 인해 떼를 쓸 수 있습니다. 또한 산만한 아이가 자주 떼를 쓰는 것처럼 보일 수 있지만, 이는 단순히 새로운 자극에 쉽게 반응하고 활동적인 특성 때문일 수 있습니다.

'산만하다'라는 표현은 일상에서 주로 부정적인 의미로 사용됩니다. 이런 말을 자주 듣는 아이는 부정적인 자아상을 형성할 수 있습니다. 성인이 된 후에도 어린 시절 들었던 말들이 내면에 남아 자신을 부정적으로 인식하게 만들 수 있습니다.

산만한 행동을 보이는 아이의 부모님들은 자책감을 느끼거나 아이의 미래를 걱정하곤 합니다. 하지만 이는 부모님이나 아이의 잘못이 아닙니다. 아이들은 성인과 달리 활동량이 많고 집중시간이 짧아 대체로 산만해 보일 수 있습니다.

'산만하다'는 표현 대신 아이에게 긍정적인 영향을 줄 수 있는 다른 표현을 사용해 보세요. 예를 들어 '활동적이다', '호기심이 많다', '적극적이다' 등의 표현이 좋습니다. 카우프만(Kaufman)과 스턴버그(Sternberg)의 연구(2010)에 따르면, 같은 상황이라도 긍정적인 시각에서 바라보면 아이의 행동을 다르게 해석할 수 있다고 합니다. 이런 긍정적인 표현을 자주 들으면 아이의 자존감이 높아지고 건강한 자아가 형성될 수 있습니다.

"넌 왜 이리 돌아다니니? 누구를 닮아서 이러는 거야."
→ "지아는 호기심이 참 많구나. 새로운 걸 발견하면 정말 신나지?"

"가만히 좀 있어 봐! 작은 소리에도 고개를 그쪽으로 돌리고, 이렇게 산만해서야."
→ "지아는 작은 소리도 잘 듣는 섬세한 아이구나. 정말 대단해!
색칠 다 끝내면 엄마랑 같이 저 소리가 뭔지 찾아볼까?

"가만히 앉아 있지 못해! 돌아다니면 혼난다고 했잖아."

→ "병원에 오니까 신기하고 궁금한 게 많지? 의사 선생님이 지아 이름 부를 때까지 엄마랑 여기 앉아서 기다려 보자. 그동안 병원에서 본 재미있는 것들 얘기해 줄래?"

"찻길에서는 엄마 손을 잡고 다니라고 해도 또 비둘기 본다고 저렇게 돌아다녀! 빨리 여기로 와!"
→ "와, 저기 비둘기 있다! 지아가 새를 좋아하는지 몰랐네. 여긴 차가 다녀서 위험하니까 엄마 손 꼭 잡고 비둘기 보러 가자. 비둘기가 뭐 하고 있는지 엄마한테 말해 줄래?"

활동적이고 호기심 많은 아이를 키우는 것은 부모 입장에서 참으로 어려울 수 있습니다. 이런 아이들은 때로 '문제아'로 낙인찍히기 쉽습니다. 하지만 아이의 단점보다는 장점에 집중하여 이야기해 주는 것이 중요합니다.

아이들은 각자 특성과 성장 속도가 다릅니다. 어떤 아이는 활동적이고 어떤 아이는 얌전합니다. 둘 다 장단점이 있어서 어느 쪽이 좋다고 말할 수 없습니다. 중요한 것은 아이의 개성을 인정하고 존중하는 태도입니다. 아이의 행동이 걱정된다면, 먼저 아이의 입장에서 생각해 보고 긍정적인 면을 찾아보세요. 그리고 필요하다면 전문가와 상담을 받아보는 것도 좋은 방법입니다.

호기심이 풍부하고 적극적으로 활동하는 아이의 장점을 살려 주면 왕성한 탐구 활동을 하는 창의적인 아이로 성장할 수 있습니다. 창의력이 높은 아이들은 새로운 놀이 활동을 만들어 내는 것을 좋아합니다. 이런 아이들은 자신감이 넘치고 모험을 즐기며 적극적으로 행동합니다. 어린 도전가들이 크게 성장할 수 있도록 돕는 것은 다름 아닌 부모의 긍정적인 말과 사랑입니다. 아이의 행동을 이해하고 긍정적으로 바라보는 부모의 태도가 아이의 건강한 성장을 돕는 열쇠가 됩니다.

조용한 아이는 무슨 생각을 할까

내향적인 우리 아이
이해하기

  부모는 일반적으로 내향적인 아이보다 외향적인 아이를 더 선호하는 경향이 있습니다. 외향적인 아이는 활달하고 적극적이라 또래와 잘 어울리고 인기가 좋습니다. 낯선 곳을 가더라도 외향적인 아이는 큰 거부감 없이 다녀올 수 있고, 새로운 먹거리도 잘 먹는 편입니다. 부모 입장에서는 외향적인 아이가 내향적인 아이보다 더 자랑스럽고 무엇이든 잘 해낼 것이라는 믿음이 클 수 있습니다.

  내향적인 아이는 종종 자신의 감정과 욕구를 표현하는 것에 어려움을 겪을 수 있습니다. 내향적인 아이들은 주변 환경에 민감하고 깊이 생각하는 경향이 있습니다. 이러한 특성으로 인해 스

예민한 아이 욱하는 엄마

트레스 상황에서 쉽게 압도될 수 있습니다.

부모가 내향적인 아이를 걱정하는 이유는 주로 아이가 소극적이고 수동적이며 고집이 세기 때문입니다. 외향적인 아이는 자신의 생각과 감정을 쉽게 표현하는 반면, 내향적인 아이는 하고 싶은 말을 하지 못해 억울한 상황에 놓이는 경우가 많습니다. 이러한 억울함이 고집으로 나타날 수 있습니다. 내향적인 아이가 말로 표현하지 못하는 상황이 많기 때문에 부모는 아이의 표정과 손짓, 말투와 같은 비언어적인 메시지에 귀 기울여 아이의 마음을 면밀히 살펴봐 주어야 합니다.

내향적인 아이에게 '이것저것 새로운 환경을 경험하게 하고 도전하게 하면 아이의 태도가 바뀌겠지.'라고 생각하면 오산입니다. 내향적인 아이에게 외향적인 성격을 강요하면, 아이는 심리적으로 힘들어할 수 있습니다. 부모의 기대에 부응하려다 지치고 자신감을 잃게 될 수도 있습니다. 부모가 아이 본래의 모습에 만족하지 못한다는 것을 아이도 눈치채고 속상해할 겁니다. 부모는 아이에게 외향성을 강요하지 말아야 합니다. 대신, 아이의 생각과 표현 방식을 깊이 이해하는 것이 내향적인 아이를 키우는 데 도움이 됩니다. 부모가 내향적인 아이에게 하지 말아야 할 말들은 다음과 같습니다.

"너는 너무 소극적이야." (성격 문제)

"그렇게 혼자만 놀면 왕따 되는 거야." (비난)

"좀 더 대범해져야 되겠다." (강요)

"적극적으로 친구를 사귀어 보자. 친구는 여럿 있어야 돼." (강요)

"너는 너무 고집이 세서 문제야." (성격 문제)

내향적인 기질을 타고 난 경우, 부모의 양육방식에 따라 내향성의 정도가 조절될 수는 있지만 외향적인 아이로 기질을 변화시킬 수는 없습니다. 내향적인 아이가 다음과 같은 반응을 보일 때 부모는 아이가 상처를 받은 것은 아닌지 깊이 대화해 보아야 합니다.

- 아이가 시무룩해 하며 아무 말도 하지 않을 때
- 얌전했던 아이가 갑자기 공격적인 모습을 보일 때
- 아이가 보통 때와 달리 화를 조절하지 못할 때
- 힘든 상황에서 무기력한 모습을 보일 때

내향적인 아이는 다음과 같은 장점을 가지고 있습니다.

- 섬세하고 관찰력이 뛰어납니다.

- 공감 능력이 뛰어나 타인의 감정을 배려할 수 있습니다.
- 도덕적이며 규칙을 잘 지킵니다.
- 예의 바르고 정직합니다.
- 높은 정서 지능으로 상황에 맞게 자신의 감정을 조절할 수 있습니다.

　수잔 케인(Susan Cain)박사의 저서 《콰이어트》에 따르면 내향적인 아이는 낯선 사람과 상호작용에서 불편함을 느낄 수 있지만, 안정적이고 친숙한 환경에서는 자신의 잠재력을 충분히 발휘할 수 있다고 말합니다. 따라서 내향적인 아이를 소심하다고 단정 지어서는 안 됩니다. 익숙한 환경에서는 적극적이고 활동적인 모습을 보이며, 자신이 하고자 하는 일을 확고하게 추진하고 책임감도 강합니다.

　부모는 아이가 안정적인 환경에서 재능을 펼칠 수 있도록 도와주어야 합니다. 주의할 점은 내향적인 아이는 체험 활동이나 활발한 외부 활동을 오래할 경우 쉽게 피곤해질 수 있으니, 틈틈이 휴식 시간을 갖고 아이의 상태를 조절해 주어야 합니다.

내향적인 아이에 대한
편견

내향적인 아이가 외부 생활에 적응하지 못할 것이라는 편견을 가진 분들도 있습니다. 단체 생활에서는 식사 시간과 활동 시간이 정해져 있는데, 내향적인 아이가 아직 준비되지 않은 상황에서 계획표에 따라 움직여야 하니 지치고 힘들어할 수 있습니다. 아이가 스스로 동기가 없는 상태에서 빨리 하라고 재촉하면 행동하는 데 어려움을 느낍니다.

아이가 받아들일 준비가 되고 이해가 되는 일일 때는 열심히 하고 잘 해냅니다. 그러나 아직 준비되지 않은 상황에서 부모가 빠르게 밀어붙이면 아이는 마음이 답답하고 부담감을 느낄 수 있습니다. 이러한 아이의 행동을 보고 부모는 고집이 세고 자기중심적이라고 판단할 수 있습니다.

내향적인 아이는 표현을 잘 하지 않는 특성이 있어 머뭇거리다 어른들께 인사를 못 하는 경우가 있습니다. 마음의 준비가 안 돼서, 또는 상황을 살피다 인사할 타이밍을 놓치는 거지요. 안타깝게도 그런 아이의 행동을 보고 예의 없다고 여기는 분들도 계십니다.

내향적인 아이에겐 외부 환경에 익숙해질 때까지 충분한 시간을 주는 것이 좋습니다. 내향적인 아이가 새로운 친구를 만나기를 꺼려하거나 집 밖에 나가기를 주저할 때, 아이의 호기심을 자극할 만한 말을 해주면서 새로운 환경에 익숙해질 수 있도록 도와주세요. "밖에서 친구들이 점토로 뭔가 만들고 있네! 궁금하지 않아? 우리 같이 가서 구경만 해볼까? 놀고 싶어지면 그때 같이 놀아도 돼." 이렇게 아이가 좋아하는 활동이나 호기심을 자극할 만한 말을 해주세요. 아이가 조금씩 자극에 익숙해질 기회를 주고, 마음이 안정될 때까지 시간을 주는 게 중요합니다. 섬세하고 신중한 아이에겐 비난과 강요보다 지지와 격려가 필요함을 잊지 마세요.

내향적인 아이의 떼쓰기를 단순히 나쁜 행동으로 보기보다는, 아이의 내적 세계를 이해하고 소통하는 기회로 삼아야 합니다. 아이의 감정을 인정하고, 안전한 표현 방법을 가르치며, 필요할 때 휴식을 취할 수 있는 공간을 제공하는 것이 좋습니다.

코찬스카(Kochanska) 박사와 동료들의 연구(2009)에 따르면, 내향적인 아이는 부모의 반응에 더 민감하다고 합니다. 그래서 부모의 일관되고 지지적인 반응은 아이의 정서 조절 능력 발달에 큰 영향을 미칠 수 있습니다.

내향적인 아이는 큰 소리나 자극적인 소리에 스트레스를 받을 수 있습니다. 그래서 부모는 낮은 톤의 부드러운 목소리로 아이와 대화하는 것이 좋습니다. 이렇게 하면 아이는 부모에게 더 큰 신뢰감을 가질 수 있습니다. 다음의 말을 참고하여 내향적인 아이의 마음을 읽어 주세요.

"외출하기로 했지. 빨리빨리 먹어. 언제 다 먹을래?"
→ "뭔가 깊이 생각하고 있구나! 엄마가 기다려줄게. 그런데 30분 후에 나가기로 했으니까 조금만 서둘러 볼까?"

"단체생활에서는 무조건 나가서 체육활동을 하는 거야."
→ "아직 잠이 덜 깬 것 같아 보여. 괜찮아, 엄마가 기다려 줄게. 눈도 뜨고 몸도 다 깨면 우리 놀이터에 가볼까?"

"다른 아이들은 스티커 다 붙였잖아. 지금 해 봐."
→ "이 스티커 정말 귀엽다! 한번 만져 볼래? 네가 준비되면 우리 종이에 예쁘게 붙여 보자."

"가만히 있지 말고, 친구들이랑 어울려 봐."
→ "네가 친구를 정말 잘 봤구나! 친구가 좋아하는 걸 잘 알아챘어. 너의 관찰력이 정말 대단해!"

"친구가 안 놀아 줬어? 너가 말을 걸고 적극적으로 해야 친구가 생기지."

→ "괜찮아. 너랑 잘 맞는 친구는 꼭 생길 거야. 우리 같이 기다
려보자."

내향적인 아이는 생각이 많고 신중하며 배려심이 큽니다. 그
래서 친구를 사귀는 데 외향적인 아이보다 시간이 더 걸릴 수 있
습니다. 실수하고 싶지 않은 마음이 크고, 자신의 말로 친구가 상
처받지 않을까 걱정하기도 합니다. 친구와 어울리고 싶지만, 친구
를 사귀는 것이 익숙하지 않아 부모에게 고민을 털어놓기도 합니
다. 이럴 때 부모는 아이가 원하는 것이 무엇인지 물어보고, 스스
로 해결책을 찾을 수 있도록 도와주어야 합니다. 아래의 말을 참
고하여 아이가 문제를 스스로 해결할 수 있도록 도와주세요.

"지아야, 네가 원하는 게 뭔지 마음에게 한번 물어볼까? 마음이
뭐라고 하는 것 같아?"

"친구의 마음은 어땠을 것 같아?"

"만약 네가 그 친구라면 어떻게 했을 것 같아?"

"그 친구에게 뭐라고 말해주고 싶어?"

"네가 원하는 걸 이루려면 어떻게 하면 좋을까?"

"친구가 너와 같은 문제를 가지고 있다면 뭐라고 말해 주고 싶어?"

"네가 원하는 게 이루어지면 기분이 어떨 것 같아?"

친구에게 하지 못한 말을 엄마와 함께 연습해 보는 것도 친구를 사귈 때 큰 도움이 됩니다. 직접 연습을 해 보면 친구와 만났을 때 말을 꺼내기가 더 쉬워질 거예요. 아래의 말을 참고하여 연습해 보세요.

< 친구의 말에 미소 지어주기 >

친구: 낚시놀이 할래?

아이: (활짝 웃어 주며) 응, 좋아! 재밌겠다!

< 인사하며 다가가기 >

"안녕, 친구야? 나랑 같이 놀래?"

"안녕? 나도 시소 타고 싶은데, 같이 타도 될까?"

"나는 블록으로 집 만들 거야. 너는 지금 뭐하고 있어?"

< 관심 보이기 >

"넌 어떤 놀이 제일 좋아해? 나는 미끄럼틀 타는 거 좋아하는데!"

"친구야, 모래놀이 재밌어 보인다! 나도 같이 놀고 싶어."

"어? 딸기 찾고 있니? (딸기를 주워주며) 여기 있었어! 소꿉놀이 재밌겠다. 나도 같이 놀아도 돼?"

친구에게 용기를 내어 말을 걸어 보았지만 같이 놀 수 없다고
말할 수도 있습니다. 그럴 경우 아이가 상처받지 않도록 따뜻한
위로의 말을 들려주고 친구가 거절할 수도 있다는 것을 알려주
세요. 친구의 거절이 자신에 대한 거절이 아님을 알게 하고 마음
이 다치지 않도록 도와주는 게 중요해요. 다음의 말을 참고하셔
서 아이에게 위로의 말을 전해 주세요.

"친구에게 같이 놀자고 말했는데, 친구가 놀아주지 않아서 속상
했구나! 괜찮아! 네가 용기 내서 친구에게 말을 걸었다는 게 정
말 대단해! 친구도 가끔은 혼자 있고 싶을 수 있어. 걱정 마, 곧
너랑 잘 맞는 친구를 만날 수 있을 거야."

내향적인 아이는 화를 잘 내지 않습니다. 평소에 감정을 크게
드러내지 않고 대체로 참지만, 감정이 쌓이다 보면 끝내 폭발할
수 있습니다. 그렇기 때문에 아이의 감정이 어떤지 평소에 유심
히 관찰하고 감정을 자주 물어봐 주는 것이 좋습니다. 최근에 하
지 못한 말은 무엇인지, 무엇 때문에 말하지 못한 것인지 물어봐
줍니다. 그리고 화를 조절할 수 있는 방법을 알려주어 아이가 건

강하게 자신의 감정을 표현할 수 있도록 돕는 게 좋습니다. 다음은 화를 조절하는 방법을 알려주는 말입니다.

"속상하고 화가 많이 난 것 같구나! 너의 마음을 이해해! 하지만 물건을 던지면 위험할 수 있어. 대신에 엄마랑 같이 베개를 때려 볼까? 그러면 화도 풀리고 안전하단다."

"화가 나서 큰소리를 질렀구나! 마음이 힘들 때는 엄마한테 언제든 말해도 돼. 엄마는 항상 네 얘기를 들을 준비가 되어 있어. 하지만 다른 사람들 앞에서는 조용히 말해 주면 좋겠어. 그래야 다른 사람들이 놀라지 않거든."

"화가 날 때 어떻게 하면 좋을지 같이 생각해 볼까? (잠시 껴안아주며) 엄마랑 같이 좋은 방법을 찾아보자."

내향적인 아이는 부모와 함께 보내는 시간을 소중히 여깁니다. 집에서 부모와 마음을 나누고 자신의 관심사를 이야기할 때, 아이의 내면은 따뜻한 에너지로 가득 찹니다. 부모의 말을 잘 따르는 내향적인 아이는 자신의 의견보다는 부모의 의견을 더 존중합니다. 부모가 먼저 마음을 열고 아이의 말과 감정을 충분히 들어줄 때, 아이는 부모와 함께 천천히 한 걸음씩 걸어가며 내면이 더욱 단단해집니다. 이런 순간들이 아이에게는 큰 위로와 힘이 됩니다.

친구 만들기 대작전

외로운 아이에게
우정을 선물하는 방법

　아이들의 고민을 들어보면 친구 관계로 힘들어하는 경우가 많습니다. 유치원과 같은 새로운 환경은 아이에게 설렘을 주기도 하지만 동시에 두려움을 느끼게 하기도 합니다. 아이들은 새로운 친구를 만나 즐거워하면서도, 친구와 놀면서 다양한 감정을 경험하며 당황스러워 합니다. 장난감을 서로 가지고 놀겠다고 싸우면서 친구에게 화가 나기도 하고, '친구가 나랑 안 놀아주면 어떡하지?'라는 두려움으로 불안해하기도 합니다.

　아이들은 짝을 지어 노는 것을 좋아합니다. 셋이 놀기보다는 둘이 노는 것을 더 즐깁니다. 셋이 놀다 보면, 마음이 잘 맞는 두 명이 짝을 이루어 본의 아니게 한 아이를 소외시키게 됩니다. 이럴 때 한 아이는 친구와 즐겁게 놀고 싶지만 마음대로 되지 않아 슬퍼할 수 있습니다. 이것은 그 아이의 잘못이 아니라, 그 상황과 서로 바라는 것이 달랐기 때문에 생긴 일입니다.

단체 생활에서 친구 관계는 3~4월쯤에 대부분 무리가 형성됩니다. 이 시기에 아파서 결석을 자주 한 아이는 친구들과 자주 만나지 못했기 때문에 이미 형성된 무리에 끼이기 어렵습니다. 친구가 함께 놀아주지 않거나 단짝친구가 없는 아이는 단체생활에 정을 붙이지 못하고 자주 우울해하며 슬퍼하곤 합니다.

아이젠버그(Eisenberg) 박사와 동료들의 연구(2003)에 따르면, 사회적 배제는 물리적 고통과 비슷한 뇌 활성화 패턴을 보인다고 합니다. 이는 소외감이 아이에게 얼마나 큰 고통일 수 있는지를 보여주는 것입니다. 그래서 부모는 소외된 아이의 고통을 진지하게 받아들이고, 적절한 지원을 해줘야 합니다.

내 탓인 것 같아 속상한 부모들

혼자 노는 아이를 보면 부모는 속상할 수 있습니다. '내가 사회성이 없어서 아이가 저런 걸까?'라고 자책하기도 합니다. 아이가 어릴 때는 부모끼리 친해지면서 아이들도 자연스럽게 친해지는 경우가 많습니다. 그래서 부모는 '아이가 어릴 때 부모끼리 자주 어울리고, 키즈카페도 같이 다녔어야 했는데…'라며 후회하기도 합니다. 하지만 워킹맘들은 엄마들과 교류할 시간이 부족합니다. 직장 일을 마치고 돌아와 놀이터에서 아이와 잠깐 놀아주면 저녁이 됩니다. 직장일과 살림, 육아를 동시에 하느라 눈코 뜰 새 없이 바쁩니다. 워킹맘은 아이와 많은 시간을 함께 해주지 못하는 것에 대해 항상 죄책감을 느낍니다. 그러나 스스로를 자책하는 마음은 아이와 부모 모두에게 도움이 되지 않습니다.

아이의 사회성은 부모의 성격과 양육 방식에 영향을 받습니다. 불안이 높은 부모는 아이가 다칠까 염려되어 아이의 행동을 많이 통제합니다. '그렇게 하지 마! 하지 말래도.'와 같이 아이의 사소한 행동에도 민감하게 반응하며 잔소리를 합니다. 불안이 높은 부모 아래서 자란 아이는 행동에 제한을 많이 받아 다양한 경험을 하지 못하고, 낯선 상황에서 불안해하고 민감하게 반응합니다. 또한 자신감이 떨어지고 부모에게 의존적이 됩니다.

공격적인 부모는 쉽게 흥분하여 화를 내고 사람들과 자주 다툽니다. 이들은 소통이 잘 되지 않고 사람들에게 폭언을 일삼는 경우가 많습니다. 이러한 부모의 모습을 보고 자란 아이는 친구와 자주 싸우고 공격성이 높아 다른 아이에게 시비를 자주 겁니다.

우울한 부모는 무기력하고 느린 행동으로 아이의 감정에 빠르게 반응하지 못합니다. 핸드폰을 하거나 티브이를 보며 누워 있는 시간이 많아 아이와 상호작용을 거의 하지 못합니다. 에너지가 부족한 탓에 조금만 힘에 부쳐도 아이에게 화를 내고 짜증스럽게 반응합니다. 우울한 부모의 자녀는 친구 관계에서 친구의 감정이나 상황을 파악하는 것이 어렵고 단체 활동에 소극적일 수 있습니다.

아이의 사회성 향상을 위한 디딤돌은 부모의 정서적 안정입니다. 부모의 마음이 건강해야 아이에게 온전히 집중할 수 있고 아이와 즐겁게 대화할 수 있습니다. 부모가 마음이 불안정하다면 아이에게 충분한 관심을 주기 어렵습니다. 심리적으로 스스로 해결되지 않은 과제가 많아 자신의 문제에 대부분의 에너지를 쏟기 때문입니다. 따라서 부모는 자신의 정신 건강에 관심을 기울일 필요가 있습니다.

부모의 정서적 안정과 더불어 부모의 말은 아이의 사회성 발달에 많은 영향을 끼칩니다. 다음의 말을 참고하여 아이의 사회성 발달을 도와주세요.

<사회성 발달에 해가 되는 말>

"내가 친구가 없어서 너도 친구가 없구나!"(자책)

"그렇게 예민하니까 친구가 없는 거야. 앞으로 사회생활은 할

수 있을까 걱정된다."(성격 결함)

"너는 성격이 나빠서 문제야."(성격 결함)

"그렇게 소심해서 친구가 생기겠니? 진짜 걱정된다."(성격 결함)

"그런 애랑 놀지 마."(친구 문제)

<사회성 발달에 도움이 되는 말>

"새 친구 사귀는 게 쉽지 않지? 괜찮아, 시간이 좀 걸릴 수 있어."

"때론 마음이 예민할 때가 있지. 그럴 땐 같이 심호흡하면서 차분해지는 연습을 해 보자."

"우리 모두 장단점이 있어. 네 좋은 점을 더 키워나가 보자."

"새로운 상황이 무서울 수 있어. 하지만 조금씩 용기를 내 보면 어떨까?"

"그 친구와 놀면서 불편한 점이 있니? 엄마에게 말해 줄래?"

"우리 모두 계속 배우고 자라나고 있어. 너도 조금씩 변할 수 있단다."

"친한 친구 한두 명만 있어도 충분해. 정말 소중한 친구를 만나길 바라."

"넌 네가 가진 그대로 특별하단다. 다른 친구들과 비교할 필요 없어."

"우리 아이는 정말 소중하고 특별해. 엄마는 널 있는 그대로 사랑해."

"모든 사람은 서로 달라. 그게 우리를 특별하게 만들어주지."

피아제(Piaget)의 인지발달단계 이론에 따르면, 전조작기(2~7세) 시기의 아이들은 상상이나 상징을 이용한 놀이가 가능합니다. 이 시기에는 사물을 살아 있는 사람처럼 의인화해서 생각합니다. 그래서 상상을 통한 다양한 놀이 활동을 통해 친구의 마음을 공감하고 배려하는 법을 배울 수 있습니다.

상상을 통한 역할놀이는 아이의 사회성 발달에 큰 도움이 됩니다. 대표적인 역할놀이로는 주방놀이, 인형놀이, 경찰놀이 등이 있습니다. 아이가 경찰, 엄마, 아빠 등의 역할을 맡아 그 인물이 된 것처럼 상상하며 노는 놀이입니다. 아이는 인형이나 상상 속의 인물과 대화하며 자신의 감정과 생각을 표현합니다. 놀이를 통해 자신의 마음을 말로 표현하고, 감정을 어떻게 다루는 것이 좋은지 깨닫게 됩니다.

역할놀이를 통해 아이는 말을 많이 듣고 하게 되어 언어 발달에도 큰 도움이 됩니다. 상황적 맥락을 이해하는 능력이 높아지고, 자신과 상대방의 역할을 바꿔가며 놀이를 하면서 조망 수용 능력이 커집니다. 조망 수용 능력은 타인의 관점에서 상황, 감정, 사고를 이해하는 능력을 말합니다. 이 능력이 높은 아이는 사회적 문제 해결력이 뛰어나고 공감 능력이 높습니다. 다음과 같이 상상 역할놀이를 통해 아이의 사회성을 길러 주세요.

채원 : (인형을 안고 놀며) 우리 토끼 배고파요. (과자를 인형 입에 대며) 자, 맛있는 과자 먹어.

엄마 : 우리 채원이가 토끼 잘 돌보네.

채원 : 토끼가 어제 밤에 배가 아파서 울었어요.

엄마 : 그랬구나. 지금은 괜찮아?

채원 : 네, 제가 토끼 머리에 손 올려서 "아프지 마" 했더니 다 나았대요.

엄마 : 와, 채원이가 잘 간호해 줬나 보구나.

재원 : 맞아요. 토끼 잘 때 이불도 덮어줬어요. 감기 걸리지 말라고요.

엄마 : 정말 착하다. 우리 채원이는 동물을 잘 돌보는 따뜻한 마음을 가졌네.

채원 : 네, 토끼가 오늘은 기분이 좋대요. 밖에 나가서 놀고 싶대요.

엄마 : 그래? 채원이는 어떻게 하고 싶어?

채원 : 음, 토끼랑 같이 나가서 미끄럼틀 타고 싶어요.

엄마 : 미끄럼틀 재밌지. 토끼도 미끄럼틀 탈 수 있대?

채원 : 네, 토끼는 내가 안고 미끄럼틀 타는 거 좋아해요. 하늘까

예민한 아이 욱하는 엄마

지 높이 올라가고 싶대요. 내가 토끼 안고 미끄럼틀 타 줄 거예요.

엄마: 그렇구나. 그럼 우리 나갈 준비할까?

부모와 아이의 상호작용이 사회성을 만든다

소외되는 아이도 조금씩 다른 아이들과 어울릴 수 있는 기회를 마련해 주면, 자연스럽게 사회성을 키울 수 있습니다. 장난감을 서로 가지고 놀겠다고 다툴 수도 있습니다. 아이가 혼자서 장난감을 모두 가지고 놀겠다고 하면, 친구가 화를 내고 속상해한다는 것을 경험을 통해 배우게 됩니다. 또한 자기 뜻대로 되지 않는다고 친구를 깨물거나 밀치면 친구 사이가 나빠진다는 것을 알게 됩니다. 이렇게 감정을 조절하면서 서로 양보하고 배려하는 법을 배웁니다.

아이의 사회적 소통 능력은 부모와의 긍정적인 상호작용을 통해 높아집니다. 가족과 충분히 상호작용한 아이는 또래 관계에서 자신감이 넘치고 인기가 많습니다. 부모가 아이의 말과 행동에 세심한 주의를 기울이고 민감하게 반응해 준다면, 아이는 사회성이 높은 아이로 자랄 수 있습니다.

부모는 아이의 감정을 인정하고 감정을 표현하도록 격려해 주어야 합니다. 예를 들어 "친구들이랑 잘 어울리지 못해서 많이 속상했구나. 그런 마음이 들 수 있어."라고 말해 줄 수 있습니다. 아래 대화를 참고하여 아이와 행복한 상호작용을 한다면, 아이가 건강한 또래 관계를 유지하며 소통할 수 있을 것입니다.

아이 : (피곤한 표정으로 일어나 앉는다)

엄마 : 우리 수진이, 어젯밤에 기침 때문에 잠을 잘 못 잤지? 많이 피곤하겠다. 수진이가 아프니까 엄마 마음도 아파.

아이 : 네, 머리가 아파요.

엄마 : 그래? (수진이를 안아 주며) 엄마가 "후" 불어서 아픈 거 날려버릴게. 우리 딸 사랑해! (수진이 머리를 부드럽게 쓰다듬는다)

아이 : 엄마 사랑해요!

아이 : (주변을 불안하게 둘러보며) 여기가 어디예요?

엄마 : 여기는 우리 지우가 다니게 될 유치원이야.

아이 : 무서워요.

엄마 : (지우의 어깨를 토닥이며) 그래, 처음 와서 낯설지? 괜찮아. 엄마랑 손잡고 천천히 둘러볼까?

예민한 아이 욱하는 엄마

아이 : 음… 좋아요.

부모의 사랑은 아이의 사회적인 관계의 출발점입니다. 부모가 아이에게 스킨십을 하면 아이는 부모의 사랑을 느끼며 사랑의 호르몬인 '옥시토신'이 분비됩니다. 옥시토신 호르몬이 분비되면 사회적 관계에 긍정적인 영향을 미칩니다. 코스펠드(Kosfeld) 박사와 동료들의 연구(2005)에서는 옥시토신 호르몬의 수치가 높아지면 상대방에 대한 공포감은 줄어들고, 타인에 대한 신뢰와 친밀감이 상승한다는 것을 발견했습니다. 아이의 사회성을 높이기 위해서는 옥시토신 호르몬의 분비를 높여야 할 것입니다.

옥시토신 호르몬은 사랑받는 순간에 높아지므로, 아이에게 스킨십을 자주해 주는 것이 도움이 됩니다. 스택(Stack)과 뮤어(Muir) 박사의 연구(1992)는 5개월 된 영아들이 성인과의 대면 상호작용 중 촉각 자극을 받았을 때, 정서와 주의력이 긍정적으로 조절된다는 것을 보여줍니다. 이는 촉각 자극이 초기 사회-정서적 발달에 직접적인 영향을 미친다는 것을 나타냅니다. 엄마가 아이를 안아줄 때, 뽀뽀해 줄 때, 따뜻하게 웃어줄 때, 손을 잡아줄 때 아이는 엄마와 강한 애착관계가 형성되며 사랑을 느낍니다. 실제로 부모가 스킨십을 자주 해 준 아이가 덜 해 준 아이보다 사회성이 높다는 연구 결과가 있습니다. 엄마와의 잦은 스킨십은 타인의 입장을 이해하는 능력을 높이고 두뇌 발달에도 도움이 됩니다.

아이의 마음속 작은 외침에 귀 기울여 보세요. 때론 투정이고, 때론 고독한 눈빛일 수 있습니다. 하지만 그 모든 것은 사랑의 갈증을 나타내는 것일 뿐입니다. 따스한 품에 안겨 전해지는 사랑의 온기와 미소 띤 눈빛의 교감이 아이의 마음을 치유하고 세상과 소통하게 만듭니다. 부모의 사랑으로 꽃피는 아이의 사회성, 그것은 우리가 함께 키워나갈 아름다운 정원입니다.

용기 주는 말의 힘

겁 많은 아이를
용감한 탐험가로 만들기

도둑과 관련된 내용이 담긴 그림책을 보여줬더니 아이는 매일 도둑이 나타날까 봐 걱정합니다. 아이는 하루에도 몇 번씩 "저기 구석에 도둑이 있어!", "무서워!", "살려줘!"와 같은 말을 반복합니다. 부모는 아이에게 "도둑은 없어! 괜찮아! 걱정 마!"라고 말하며 아이를 안심시키려 하지만, 아이는 쉽게 진정되지 않습니다. 심하게 불안해하는 아이의 모습을 보며 부모는 '우리 아이가 왜 저러지? 뭔가 문제가 있는 건가?'라며 고민하게 됩니다.

부모가 불안한 아이의 마음을 충분히 이해하고 공감하기는 쉽지 않습니다. 불안한 아이의 마음을 달래주어도 아이는 쉽게 안정되지 않을 수 있습니다. 부모는 아이를 다독이다가도 계속 울먹이는 아이를 보면 어느 순간 지치고 화가 날 수 있습니다. 불안한 아이를 키우는 것은 부모님에게도 큰 도전이 됩니다. 때로는 아이를 달래다 지치고 화가 날 수도 있겠죠. 하지만 자신을 탓하지 마세요. 심리학자 캐롤 드웩(Carol Dweck)은 부모의 자책이 오히려 아이의 불안을 악화시킬 수 있다고 경고합니다.

어린이집에 처음 등원하거나 초등학교에 입학을 앞둔 아이들은 낯선 상황으로 인해 큰 스트레스를 받습니다. 아이들이 새로운 상황을 접하면서 불안을 느끼는 것은 자연스러운 일입니다. 아이가 불안한 상황에서 갑자기 대소변을 못 가리는 등의 퇴행 행동을 보이는 것은 자신을 보호하기 위한 방어기제로 볼 수 있습니다.

불안이 항상 나쁜 것만은 아닙니다. 심리학자 반두라(Bandura)는 적당한 불안이 아이의 성장과 학습에 도움이 될 수 있다고 말합니다. 불안감이 있어서 더 노력할 수 있고, 더 잘할 수 있는 경우도 많습니다. 예를 들어 시험에 대한 불안감을 느끼면 각성하게 되어 더 열심히 노력할 수 있습니다.

불안한 감정은 정상적인 발달 과정 속에서도 나타날 수 있습니다. 정상적인 불안(normal anxiety)은 위험한 상황 속에서 불안을 느끼는 것으로 자연스러운 적응 반응이라 볼 수 있습니다. 이에 반해서 병적인 불안(pathological anxiety)은 불안으로 인해 부적응하는 모습을 보이는 경우를 말합니다. 병적인 불안으로 심리적인 고통을 과하게 느끼거나 심각한 부적응 양상을 보이는 경우를 불안장애(Anxiety Disorders)라고 합니다.

심리학자 긴즈버그(Golda S. Ginzberg)와 슐로스버그(Schlossberg) 박사는 아이가 불안이 높아지는 이유에 대해 다음과 같이 설명했습니다.

- 부모의 과잉 보호와 통제적 양육 방식
- 아이의 불안을 무시하고 회피하는 행동
- 아이가 필요로 하는 것에 대해 비난하거나 거절하는 행동

호주 맥쿼리대학교 정신건강센터의 연구에 따르면, 아이의 초기 발달 단계에서 과잉 보호나 지나친 통제는 아이의 불안을 높일 수 있다고 합니다. 부모가 사랑으로 행한 행동이라도, 아이에게는 해로울 수 있다는 것입니다. 엄마가 아이에게 친구를 정해주거나, 아이가 스스로 옷을 입을 수 있음에도 불구하고 부모가 대신 옷을 입혀주는 과잉 보호적 행동은 아이의 불안을 높일 수 있습니다.

또한 불안이 높은 부모가 아이를 과잉 보호한다는 연구 결과도 있습니다. 이런 부모는 아이가 조금이라도 위험할 것 같은 곳에

는 데려가지 않으며, 아이가 물에 빠질까 봐 사우나나 수영장 근처에도 가지 않습니다. 이렇게 자란 아이는 물과 접촉할 기회가 부족해 다른 아이들보다 물에 대한 두려움이 더 커질 수 있습니다.

부모의 불안한 반응은 아이의 불안을 자극할 수 있습니다. 악타르(Aktar) 박사와 그의 동료들은 연구(2013)에서 "부모의 불안 수준이 높을수록 아이의 불안 수준도 높아지는 경향이 있다"고 밝힙니다.

예를 들어 아이가 뾰족한 연필심에 손을 다칠까 봐 불안해하는 모습을 보인다면 어떻게 해야 할까요? 이때 부모가 보이는 반응에 따라 아이의 불안 수준이 달라질 수 있습니다. 불안한 감정은 가까운 사람에게 쉽게 전염되기 때문에, 부모가 불안해하는 모습을 보이면 아이는 '이것은 위험한 건가 봐!'라고 생각하며 불안감을 가지게 됩니다. 따라서 부모가 자신의 불안을 관리하는 것이 아이의 불안을 줄이는 데 중요한 역할을 할 수 있습니다.

불안은 유전적 요인과 환경적 요인이 복잡하게 상호작용하여 발생합니다. 카스피(Caspi) 교수는 "유전적 영향의 정도는 개인과 상황에 따라 다를 수 있다"고 설명합니다. 작은 것에도 불안해하고 두려움을 느끼는 아이들은 생각보다 많습니다. 아이들은 각기 다른 기질을 가지고 태어나기 때문에, 같은 경험을 하더라도 느끼는 감정과 반응은 다를 수밖에 없습니다.

클로닝거(Cloninger) 박사가 제안한 기질 이론에 따르면, 불안과 두려움이 높은 아이는 '위험회피' 기질을 가지고 있을 가능성이 높습니다. 이러한 아이들은 낯선 자극과 환경에서 긴장을 많이 하고 두려운 자극을 회피하며 위축됩니다. 하지만 이는 문제가 아닙니다. 오히려 이런 아이들은 대체로 조심성이 크고 꼼꼼해서 실수가 적고, 수행의 성공률이 높은 장점이 있습니다. 또한, 위험을 잘 알아차리고 안전을 도모하는 능력이 뛰어난 강점도 있습니다.

부모라는 안전기지

아이의 불안을 관리하는 데 있어 부모의 역할을 이해하기 위해서는 존 볼비(John Bowlby) 박사가 제안한 '안전기지' 개념을 살펴볼 필요가 있습니다. 안전기지란 아이가 세상을 탐험하다가 불안하거나 위험을 느낄 때 돌아올 수 있는 심리적, 물리적 공간을 의미합니다. 대개 이 역할은 부모나 주 양육자가 담당하게 됩니다. 안정적인 안전기지가 있는 아이는 새로운 환경에서도 자신감 있게 탐험할 수 있으며, 스트레스 상황에서 더 빠르게 평정을 찾을 수 있습니다.

효과적인 안전기지 역할을 위해 부모는 몇 가지 핵심적인 태도를 갖추어야 합니다. 첫째, 아이가 불안해할 때 자신의 감정을 조절하고 침착함을 유지해야 합니다. 부모의 평온한 반응은 아이에게 상황이 통제 가능하다는 신호를 보냅니다. 둘째, 아이의 감정을 인정하고 공감하는 자세가 필요합니다. 아이는 불안할 때 어린아이처럼 더 떼를 씁니다. 그럴 땐 아이를 다그치지 말고 진정이 될 때까지 안아주며 다독여 줍니다.

고트만(Gottman) 박사는 "아이의 감정을 무시하거나 회피하는 것은 아이의 불안감을 더 높일 수 있다."고 경고합니다. 아이에게 "별 것 아닌 것에 엄살이야. 불안해하지 마."와 같이 무시하거나 회피하지 말아주세요. 이러한 반응은 아이가 자신의 감정을 제대로 인정받지 못했다고 느끼게 만들 뿐만 아니라 아이의 불안감을 더 높일 수 있습니다. "많이 무서웠구나"와 같은 표현으로 아이의 감정을 받아들이는 것이 중요합니다. 공감의 표현은 해결책을 제시하거나 직접적인 말보다 불안을 낮추는 데 효과적입니다.

동시에 부모는 아이의 독립성과 탐험 욕구를 존중해야 합니다. 과도한 개입이나 보호는 오히려 아이의 자립심 발달을 저해할 수 있습니다. 아이가 스스로 문제를 해결할 기회를 주되, 필요할 때 언제든 도움을 요청할 수 있다는 확신을 심어 주는 것이 바람직합니다.

이러한 균형 잡힌 접근은 아이가 안전감을 느끼면서도 자신의 능력을 신뢰하게 만듭니다. 결과적으로 아이는 새로운 환경이나 도전적인 상황에서도 적응력을 발휘할 수 있게 되며, 이는 장기적으로 정서적 안정과 건강한 성장의 토대가 됩니다.

다음은 부모가 아이의 감정을 수용해 주고 용기를 북돋아 주는 대화 예시입니다. 아이가 자신의 감정을 인식하고 표현할 수 있도록 도와주세요.

아이 : 엄마… 엄마가 아프면 어떡해요?

엄마 : 그럴 때는 지우도 많이 슬프겠구나. 엄마도 슬플 것 같아.

엄마 : 무슨 꿈 꿨어? 왜 이렇게 울고 있어?

아이 : (흐느끼며) 도둑… 도둑이 나타났어요.

엄마 : (아이의 머리를 쓰다듬으며) 아이고, 땀도 났네. 많이 무서웠구나.

아이 : (주변을 둘러보며) 엄마, 저기 도둑 있는 거 아니에요?

엄마 : 아, 도둑이 나타날까봐 겁이 나는 거구나.

아이 : 네….

엄마 : 엄마가 방금 저기 가 봤는데 아무도 없었어. 그리고 문도

꼭 잠갔으니까 안심해도 돼.

아이 : 그래도 무서워요.

엄마 : 그래? 그럼 우리 같이 가서 한 번 더 확인해볼까? 엄마가
꼭 지켜줄게.

아이 : 엄마, 나 어린이집 안 갈래요. 집에 있을 거예요.

엄마 : 어린이집 가는 게 많이 힘들구나.

아이 : (큰 소리로 울며) 안 갈 거예요! 재미없어요!

엄마 : 무엇이 재미없니?

아이 : 엄마랑 노는 게 좋아요. 선생님이랑은 재미없어요.

엄마 : (부드러운 목소리로) 아, 엄마랑 같이 있고 싶은 거구나.
어린이집 가면 엄마가 보고 싶어서 그런 거야?

아이 : 네….

엄마 : (안아 주며) 마음이 어떤지 엄마가 알 것 같아. 조금 있다
마음이 편해지면 더 이야기해 보자. 엄마가 기다릴게.

아이가 부모의 도움 없이 새로운 행동을 시도할 때 실패에 대
한 부담감으로 불안해할 수 있습니다. 처음은 낯설고 힘들지만,
배우고 익히는 과정 속에서 성장할 수 있습니다. 아이가 불안감
에서 벗어날 수 있도록 노력하는 아이의 모습을 칭찬해 주세요.

부모: 신발 혼자 신어 볼래?

아이: (조금 망설이며) 음… 발이 잘 안 들어가요…

부모: (미소 지으며) 아, 발이 잘 안 들어가서 속상했구나. 신발 신는 게 어려울 수 있어. 그래도 혼자 해보려고 하는 모습이 정말 멋져!

아이: (미소를 지으며)

부모: 지금은 조금 어려워도 계속 연습하면 점점 잘하게 될 거야. 네가 노력하는 모습이 정말 사랑스러워.

두려운 상황에 점진적으로 노출시켜 아이가 천천히 적응할 수 있도록 돕는 것이 중요합니다. 올렌딕(Ollendick) 박사와 킹(King) 박사는 "점진적 노출 기법이 아동의 불안 감소에 효과적"이라고 보고합니다. 예를 들어 신발 신기라는 새로운 과제에 아이를 점진적으로 노출시키는 방법을 생각해 볼 수 있습니다.

먼저 재미있는 게임으로 시작해 보세요. "신발 집에 발 들여보내기" 게임을 통해 아이가 신발을 장난감처럼 다루며 친숙해지도록 합니다. 다음으로 부모가 신발 신는 모습을 과장되게 보여주고, 아이가 따라해 보도록 격려합니다. "엄마처럼 해볼 수 있겠니?"라고 물어보세요.

그 후에는 아이가 발을 신발에 넣으면, 부모가 나머지 부분을 도와줍니다. 아이가 오른발을 신발에 잘 넣었다면 "오른쪽 발을 잘 넣었네! 대단해!"라고 작은 성공에도 구체적으로 칭찬해줍니다. 아이가 스스로 하려고 시도할 때는 "천천히 해도 돼. 우리 시간 충분해."라고 말하며 충분한 시간을 주세요.

아이가 실수를 하더라도 이를 학습의 기회로 삼고 긍정적으로 받아들일 수 있도록 합니다. "앗, 거꾸로 신었네! 재미있다. 이번엔 어떻게 하면 좋을까?"라고 물어보면서 아이가 직접 문제를 해결할 수 있는 힘을 키워 주세요.

각 단계에서 아이가 편안함을 느낄 때까지 충분한 시간을 가지며, 성공할 때마다 따뜻한 칭찬을 해줍니다. 이러한 점진적 접근은 아이의 자신감을 키우고, 새로운 기술을 익히는 데 대한 불안을 줄이는 데 큰 도움이 됩니다. 아이가 작은 성취를 이룰 때마다 부모님의 사랑과 자랑스러움을 느낄 수 있도록 해주세요. 이렇게 하면 아이는 더 큰 도전을 두려워하지 않고, 스스로의 능력을 믿게 될 거예요.

느림의 미학

느린 아이의
숨겨진 장점 발견하기

행동이 느린 아이를 키우는 부모는 종종 답답함과 속상함을 느낍니다. 엄마와 아이가 함께 외출하기로 했는데, 아이는 느긋하게 딴청을 부립니다. 밥을 먹을 때도 천천히 먹으면서 어떤 생각에 빠졌는지 식사를 하는 듯, 마는 듯합니다. 10분이면 충분한 일을 1시간이 넘게 끌기도 합니다. 세수하고 양치질하고 옷을 입는 일상 속에서도 아이의 행동은 느린 거북이와 같습니다.

바쁜 일상을 사는 부모는 아이의 느긋한 행동을 받아 주지 못하는 것이 현실입니다. 부모는 '아이가 누굴 닮아서 저렇게 천하태평이지? 정말 속 터져요.'라고 말하며 울분을 터트리는 경우가 많습니다. 처음에는 아이에게 "빨리 행동해!"라고 독촉을 하지만, 나중에는 지쳐서 포기하기 일쑤입니다. 아이에게 윽박지르면 화난 아이가 일부러 더 늦게 행동해서 부모 속을 태우는 경우도 있습니다. 느린 아이를 키우는 부모는 인내심을 시험받게 됩니다. 그러기에 부모는 힘들고 지칠 때도 많습니다.

느린 아이들은 자신의 페이스가 주변 환경과 맞지 않을 때 큰 스트레스를 받을 수 있습니다. 이런 불일치는 내적 긴장을 유발하며, 아이들이 이를 해소할 방법을 찾지 못할 수 있습니다. 예를 들어 옷 입기를 재촉 받는 아이가 갑자기 울음을 터뜨리거나 바닥에 눕는 행동은 단순한 반항이 아니라 복잡한 감정의 표현일 수 있습니다.

느린 아이들에게 자신의 리듬을 유지하는 것은 중요한 심리적 욕구입니다. 아이들이 떼를 쓰는 행동은 단순히 고집을 부리는 것이 아니라, 자신의 내적 시계와 외부 요구 사이의 균형을 찾으려는 시도로 볼 수 있습니다. 예를 들어 식사 시간에 느리게 먹는 아이가 부모의 재촉에 저항하며 떼를 쓰는 것은 자신의 생체 리듬을 지키려는 무의식적인 노력일 수 있습니다. 코찬스카(Kochanska)와 아크산(Aksan) 박사의 연구(1995)에 따르면, 아이들의 자기 조절 능력이 발달함에 따라 이러한 갈등 상황을 더 잘 관리할 수 있다고 합니다.

부모는 아이의 속도를 존중하며 점진적으로 개선해 나가는 방법을 찾아보는 것이 좋습니다. 예를 들어 아이와 함께 일정을 계획하고, 충분한 여유 시간을 두어 스트레스 없이 활동을 완료할 수 있도록 도와줄 수 있습니다.

아이의 느린 행동은 여러 원인에서 비롯될 수 있으며, 그중 하나는 타고난 느린 기질일 수 있습니다. 이런 경우 아이는 어릴 때부터 느긋하고 느린 모습을 보입니다. 부모는 느린 아이를 재촉하기보다는 아이의 기질을 이해하고 도와주어야 합니다. 아이에게 "엄마가 기다려 줄게"라고 말하면서 아이가 편안히 하던 것을 마무리할 수 있도록 충분한 시간을 주어야 합니다.

"정말 잘했어! 천천히 해도 괜찮아. 엄마가 기다려줄게."
"이번엔 조금 더 빨리 해볼 수 있을까? 어떻게 하면 좋을지 한번 생각해보자."

부모는 "차분하게 잘했어!"라고 아이를 응원하면서도 "앞으로 어떻게 하면 조금 더 빨리 할 수 있을까?"라고 질문하여 아이가 스스로 방법을 찾도록 돕는 것이 좋습니다. 부모의 지속적인 격려와 지지는 아이가 올바른 방향으로 행동할 수 있도록 동기를 부여하며, 이는 결과적으로 아이의 행동 수정에 도움이 됩니다.

다른 아이에 비해 발달이 느린 아이도 행동이 느릴 수 있습니다. 소근육, 미세근육의 발달이 더딘 아이는 근육의 힘이 부족하여 연필 쥐기, 가위질 하기, 물건 집기 등에서 느린 행동을 보일 수 있습니다. 소근육 발달이 느린 아이에게는 부모가 여유를 갖고 기다려 주는 것이 중요합니다. 아이가 수행하기 쉬운 소근육 과제를 주면서 잘 해냈을 때는 다음과 같이 칭찬해 줍니다.

"와, 정말 어려웠을 텐데 잘 해냈구나! 엄마가 너무 자랑스러워."
"우와, 동그라미까지 다 그렸네!"
"대단해!"

과제를 잘 수행해 냈을 때 보상으로 아이가 좋아하는 간식이나 장난감을 주는 것도 좋습니다. 아이가 적절한 행동을 보일 때 즉시 칭찬하고 격려하는 것이 중요합니다. 그리고 "시간 안에 옷을 다 입었구나. 정말 잘했어!"와 같은 구체적인 칭찬이 효과적입니다. 그러면서 점점 과제의 난이도를 올려가며 소근육이 발달될 수 있도록 도와야 합니다.

주의력결핍장애(ADD)나 지적장애와 같은 신경 발달상의 문제로 인해 뇌의 특정 부분의 발달이 늦어지거나 손상을 입으면 행동이 느려질 수 있습니다. 주의력결핍장애는 부주의로 인해 어른의 말을 잘 듣지 못하고 과제를 적절히 수행하지 못하며, 집중력이 떨어져 느린 행동을 보일 수 있습니다. 이런 경우 부모는 작은 성공에도 "열심히 해서 시간 안에 끝냈구나! 정말 멋져"라고 칭찬해 주고, 수행이 지연될 때에도 "잘하고 있어. 조금 더 힘내 보자!"라고 격려해 주어야 합니다. 지적장애의 경우에도 이해력과 문제 해결력이 떨어져 행동이 느릴 수 있습니다.

우울이나 불안과 같은 정서적 문제로 인해 행동이 느려질 수도 있습니다. 이런 경우 전문가의 도움을 받는 것이 좋습니다. 부모가 아이의 마음을 이해하고 공감해 주며 안전 지대가 되어줄 때, 아이의 정서적인 문제는 해결될 수 있습니다.

완벽주의 성향의 매우 꼼꼼하고 신중한 성격으로 인해 행동이 느릴 수도 있습니다. 꼼꼼한 성격의 아이는 하나를 마쳐야 다음 단계로 넘어가므로 일을 마치는 데 시간이 오래 걸릴 수 있습니다. 완벽주의 성향의 아이는 실패를 두려워하여 지나치게 세세한 부분까지 꼼꼼하게 살펴보므로, 아이가 불안한 마음을 떨칠 수 있도록 결과보다 과정을 칭찬해 주는 것이 중요합니다. "잘했다, 못했다"와 같이 일의 결과를 평가하기보다는 "인형 만드는 게 어려웠을 텐데, 잘 참고 끝까지 해냈구나!"와 같이 일을 해내는 과정과 마무리한 것을 칭찬해 주세요.

"잘못한 거야."(X)

"인형 만드는 게 어려웠을 텐데, 잘 참고 끝까지 해냈구나!"(O)

꼼꼼한 아이들은 대체로 정확하고 인내심이 뛰어나 부모가 기다려 주면 일을 완전하게 마칠 수 있는 능력이 있습니다.

수동 공격적인 성향의 아이는 불만을 느린 행동으로 표출할 수 있습니다. 이런 아이는 시키는 일을 아주 천천히 하거나 부모의 뜻을 거스르면서 부모를 화나게 합니다. 특히 부모와 아이의 관계가 나쁠 때 느린 행동으로 아이의 공격성을 부모에게 표출합니다. 이럴 때는 아이의 감정을 인정하고 이해하는 것이 중요합니다. "밥 먹지 않고 뭐하니?"라고 아이를 다그치기보다는 "속상해서 입맛이 없어 보이는구나!"와 같이 아이의 감정을 언어로 표현해 주는 것이 도움이 됩니다.

"밥 먹지 않고 뭐하니?"(X)
"속상해서 입맛이 없어 보이는구나!"(O)

부모가 아이의 많은 것들을 해결해 줄 경우, 아이는 주도성을 잃고 부모에게 의존하며 느린 행동을 보일 수 있습니다. 아이가 직접 하지 않아도 부모가 도와줄 것을 알기 때문에 일부러 천천히 행동하는 경우도 있습니다. 부모가 아이에게 밥을 먹여 주고,

예민한 아이 욱하는 엄마

옷을 입혀 주고 모든 것을 하나하나 신경 써 주면, 아이가 스스로 하는 것이 더 어색해질 수 있습니다. 이럴 경우에는 아이가 스스로 과제를 하나씩 해 볼 수 있는 기회를 주는 것이 좋습니다.

핀잔이 아니라 보여 주기

아이가 스스로 과제를 해 본 경험이 부족하기 때문에 처음에는 행동이 서툴 수밖에 없습니다. 그럴 때는 "넌 왜 이렇게 제대로 하는 것이 없니?"나 "너가 늦게 옷을 입어서 늦었잖아!"와 같은 핀잔을 주지 말아야 합니다. 대신 아이가 스스로 할 수 있도록 격려하고 기다려 주는 것이 중요합니다.

"넌 왜 이렇게 제대로 하는 것이 없니?"(X)
"너가 늦게 옷을 입어서 늦었잖아!"(X)

아이의 느린 행동에 대응하는 효과적인 방법은 부모의 모델링, 명확한 한계 설정, 단계별 안내를 함께 적용하는 것입니다. 먼저 부모가 직접 시범을 보이며 천천히 능률적으로 행동하는 모습을 보여 줍니다. 이는 아이에게 구체적인 행동 방식을 시각적으로 전달하는 데 도움이 됩니다.

다음으로 시간 제한을 두어 활동에 구조를 부여합니다. 이때 타이머나 모래시계 같은 시각적 도구를 활용하면 아이가 시간 개념을 더 쉽게 이해할 수 있습니다. 또한 수행해야 할 작업을 명확한 순서로 제시하여 아이가 전체 과정을 파악하고 각 단계를 차근차근 수행할 수 있도록 돕습니다. 과제를 작게 쪼개어 행하기 쉬운 단계로 나누면 아이의 부담이 줄어듭니다. 처음에는 아이가 할 수 있는 정도의 과제를 주고 아이가 잘 해내면 칭찬과 보상을 줍니다. 아래의 문장을 참고해 보세요.

"우리 재미있는 게임 하나 해볼까? 시계가 큰 바늘을 두 칸 움직이는 동안 양말을 신어보자. 할 수 있지?"(한계 설정)

"자, 이제 양말 신고 신발 신는 거야. 먼저 엉덩이를 바닥에 붙이고 앉아 볼까? 그럼 이제 왼쪽 발에 양말을 신어 보자."(과제의 순서)

"와, 벌써 시계 바늘이 한 칸이나 갔네! 이제 오른쪽 발에 양말 신어 볼까? 도전해 보자!"(한계 안내)

"정말 잘하고 있어! 열심히 하는 모습이 너무 멋져."(격려)

"와! 시계 바늘이 두 칸 가기 전에 다 신었네! 정말 대단해. 혼자서 해냈구나!"(칭찬)

예민한 아이 욱하는 엄마

과제의 순서를 구체적으로 살펴볼게요. 다음과 같이 아이에게 단계별로 과제를 주도적으로 수행할 수 있도록 부모는 곁에서 도와주면 됩니다.

"왼쪽 양말부터 신어 볼까?"

"앉아서 손으로 잡고 왼발부터 신어 보자."

"잘했어! 이번엔 오른쪽 양말도 같은 방법으로 신어 보자."

"양말 신는 게 조금 어려웠지? 그래도 차분하게 잘 신었구나!"

위 문장과 같이 부모는 일의 순서를 아이에게 안내해 주고 잘한 행동은 칭찬해 줍니다. 힘들어할 경우에는 다음과 같이 격려해 주면 됩니다.

"처음엔 어려울 수 있어. 괜찮아! 정말 열심히 했구나, 고생 많았어."

이러한 대화는 아이가 더 자신감을 가지고 스스로 행동할 수 있게 합니다. 그다음에는 조금 더 난이도가 있는 과제를 주고, 과제를 잘하지 못해도 따뜻하게 격려해 주세요. 실제 수행 과정에서는 지속적인 격려와 안내가 중요합니다. 각 단계를 마칠 때마다 긍정적인 칭찬을 하고, 남은 시간과 해야 할 일을 알려 줍니다. 활동이 끝난 후에는 아이의 성취를 인정하고 칭찬하며, 다음에는 어떻게 개선할 수 있을지 함께 고민하는 시간을 가집니다. 그러면서 아이는 반복적인 연습을 통해 과제가 익숙해지고 좀 더 빠르게 행동할 수 있게 될 테니까요. 아래의 문장을 참고해 보세요.

"시계가 큰 바늘을 두 칸 움직이는 동안 양말 신고 신발장에서 신발을 꺼내 신어 보자."(한계 설정)
"천천히 해도 돼. 엄마가 기다려 줄게."(이해)
"조금만 더 힘내 보자. 넌 할 수 있어!"(격려)
"실수해도 괜찮아. 다시 해 보면 돼."(격려)

이러한 접근 방식은 아이의 자립심과 시간 관리 능력을 키우는 동시에, 부모와 아이 사이의 긍정적인 상호작용을 촉진합니다. 일관성 있게 적용하면 아이의 느린 행동이 점진적으로 개선될 수 있습니다.

아이가 성장함에 있어서 행동이 느릴 수도, 빠를 수도 있습니다. 조금 느려도 괜찮습니다. 아이마다 개인차가 있고 각자의 특성에 따라 그에 맞게 자라나는 것이니까요. 부모가 인내심을 가지고 기다리는 동안 아이는 어느새 친구와 같은 속도로 행동할 정도로 성장할 수 있습니다. 아이는 자신의 느린 행동보다 주위에서 보이는 편견과 부정적인 말과 시선으로 인해 상처를 받습니다. 행동이 느린 아이들에게 부모는 의지할 만한 유일한 보금자리입니다.

다음은 느린 아이들에게 하지 말아야 할 말입니다. 아이의 자존감에 상처가 되는 말은 하지 말아야 합니다.

"뭘 그렇게 꾸물거려? 빨리, 빨리 해!"(명령)
"10분 내로 정리하지 않으면, 엄마 먼저 가버린다."(경고)
"너 때문에 내가 못살겠다. 넌 왜 그리 모자라니!"(푸념)
"언니는 옷을 다 입었는데, 너는 누굴 닮아서 그렇게 느리니?"(비교)

빨리 하라고 재촉한다고 해서 아이의 행동이 빨라지지 않습니다. 아이의 마음이 어떤지 살피고 아이가 무엇에 집중하고 있는지 부모가 세심하게 살펴봐야 합니다. 아이들은 단체 생활에서 긴장과 피로를 느낍니다. 그런데 집에서도 부모가 긴장감을 느끼도록 매일 재촉한다면 아이는 마음 둘 곳이 없을 것입니다. 아이가 집에서 편안하게 쉴 수 있게끔 느긋한 마음으로 아이를 배려해 주세요.

아이를 다른 아이와 비교하여 경쟁심을 느끼게 한다고 하여 아이의 행동이 바뀌진 않습니다. 비교를 당한 아이는 열등감을 느끼고 자존감에 상처를 입게 됩니다. 다른 아이와 비교하기보다는 "어제는 체육복을 천천히 입어서 늦었는데, 오늘은 빨리 입어서 제 시간에 등원할 수 있겠구나!"와 같이 아이의 과거와 현재의 행동을 비교하는 것이 더 효과적입니다. 그러면 아이는 긍정적으로 변화된 자신의 행동에 자부심을 갖고, 행동을 바꿔야겠다는 동기를 갖게 됩니다.

느린 아이에게 일관된 일과와 루틴이 중요합니다. 이는 아이에게 예측 가능성과 안정감을 느끼게 하고, 불필요한 갈등을 줄이는 데 도움이 됩니다. 예를 들어 "10분 후에 양치질을 할 거야."라고 할 일을 미리 알려주는 것이 좋습니다.

행동이 느린 아이에게 스스로 생각하고 문제를 해결할 수 있도록 질문을 하는 것도 도움이 됩니다. 아래의 문장을 참고해 보세요.

"정말 잘했어! 그런데 어떻게 하면 조금 더 빨리 할 수 있을까? 한번 생각해 볼까?"(칭찬, 질문)

"옷 입을 때 어떤 순서로 입으면 제일 편할까? 우리 함께 생각

해 보자."(질문)

비록 아이의 행동이 느리지만 느린 아이에게도 부모가 보지 못하는 장점이 있습니다. 느린 아이는 신중하게 생각하고 서두르지 않아서 실수할 가능성도 적습니다. 또한 다른 아이에 비해 오랫동안 관찰하므로 관찰력이 빼어난 장점이 있습니다. 아이의 느린 행동 뒤에 따뜻한 마음, 신중함, 집중력과 같은 보석 같은 능력이 숨겨져 있음을 잊지 마세요. 이러한 장점을 살려 준다면 느린 아이라 하더라도 훌륭한 인재가 될 수 있다는 점을 분명히 기억해 주세요. 아이는 저마다 다른 향기가 있고 다른 속도로 꽃을 피웁니다. 부모가 믿어 주는 만큼 아이는 성장합니다.

2장

아이의 감정은
롤러코스터

마음 읽기 달인 되기

아이의 감정을 이해하는
부모의 비밀

"양말이 너무 꽉 껴서 불편해요. 안 신고 싶어요."

"유치원에 가기 싫어요. 집에 있을래요."

"친구가 내 물건 가져갔어요."

"(물건을 집어던지면서) 아이스크림 줘요! 밥 싫어요!"

"혼자 있을 거야."

요즘 부모님들 사이에서 '좋은 부모 되기'에 대한 관심이 뜨겁습니다. 육아서를 찾아 읽고, 아이와 소통 방법을 배우려 노력하지만, 책에서 배운 내용을 실제 생활에 적용하는 건 쉽지 않습니다. 아이를 키우는 집은 아침마다 전쟁을 치르는 느낌입니다.

어떤 부모님은 이렇게 말씀하십니다. "어릴 때 내 감정을 이해 받아본 적이 없어요. 그래서 아이의 감정을 어떻게 다뤄야 할지 모르겠어요." 이런 경험은 생각보다 흔합니다. 우리가 받지 못한 것을 아이에게 주기란 쉽지 않으니까요.

가트만(Gottman) 박사와 동료들의 연구에 따르면, 감정에 대한 공감적 반응을 경험하지 못한 아이들은 자신의 정서를 인식하고 관리하는 데 어려움을 겪을 수 있습니다.

미국의 임상 심리학자 패터슨(Patterson)의 연구(1982)에 따르면, 때로는 아이들이 부모의 관심을 받고 싶어서 일부러 떼를 쓰기도 합니다. 이는 부정적인 관심이라도 관심을 받고자 하는 욕구의 표현입니다. 또한 가트만(Gottman)과 동료들은 감정을 표현하는 다른 방법을 모르기 때문에 떼쓰기가 유일한 의사소통 수단이 되기도 한다고 말합니다.

아이 : 엄마, 나 유치원에 안 갈래요. 너무 피곤해요.

엄마 : 피곤하다고 유치원에 안 간다니, 무슨 말도 안 되는 소리를 하는 거야.

아이 : 가기 싫어요. 자고 싶어요.

엄마 : 왜 이렇게 게으른 거야. 갈 시간 늦었으니까 빨리 옷 입자.

아이 : (짜증을 내며) 진짜 가기 싫다고요!

아이 : 거실 불 켜 주세요.

엄마 : 이제 잘 시간이야. 불 끄고 자야지.

아이 : 심심해서 더 놀 거예요. 안 졸려요.

엄마 : 뭐가 심심하다고 그러니? 오늘 놀이터에서 많이 놀았잖
      아. 엄마가 자야 된다고 했지!

아이 : 싫어요. 안 돼요.

위의 대화를 읽으면 어떤 느낌이 드시나요? 아이들의 마음을 이해하고 공감하는 것은 쉽지 않은 일입니다. 하지만 그 작은 노력이 아이의 건강한 성장을 위한 첫걸음이 될 수 있습니다.

아이와 대화할 때는 아이의 눈높이에서 세상을 바라보는 것이 중요합니다. '유치원에 가기 싫은 아이의 마음은 어떨까?', '마음을 무시당한다면 아이는 어떤 기분일까?' 이렇게 생각해 보는 거죠. 부모와 아이는 같은 상황도 다르게 볼 수 있습니다.

아이의 마음을 이해하는 데는 '미러링(mirroring)'이 효과적입니다. 간단히 말해 아이의 감정을 그대로 비춰 주는 거울이 되어 주는 것입니다. 아이의 표정, 말투, 행동을 세심히 관찰하고, 그 속에 담긴 감정에 이름을 붙여 주는 것이죠. "배고픈가 보구나!", "슬프구나, 그랬구나.", "많이 놀랐어? 괜찮아.", "와, 정말 신기한가 보네!"와 같이 아이의 마음 상태를 주의 깊게 살펴보고 말로

표현해 주는 것입니다. 이렇게 아이의 마음 상태를 말로 표현해 주면, 아이는 자신의 감정을 이해하고 받아들이는 법을 배우게 됩니다. 그리고 이는 나중에 다른 사람의 마음도 헤아릴 수 있는 능력으로 발전하죠.

미러링의 핵심은 단순히 아이의 말을 따라하는 게 아닙니다. 아이의 감정에 공감하고, 그 감정을 인정해 주는 것이 중요해요. 이를 통해 아이는 자신의 감정이 존중받고 있다고 느끼게 되죠. 예를 들어볼까요?

아이 : (어두운 방을 보며 떨면서) 엄마, 무서워요!

엄마 : (부드러운 목소리로) 어두워서 무서웠구나. 괜찮아, 엄마
　　　가 여기 있어. 작은 불을 켜 줄까?

아이 : 네, 불 켜 주세요. 엄마가 옆에 있어 줄 거예요?

엄마 : 그럼. 엄마가 곁에 있을게. 어두운 밤에도 우리 집은 안전
　　　하단다.

이 대화에서 엄마는 아이의 두려움을 그대로 인정하고 받아들이고 있어요. "무서워하지 마"라고 말하는 대신, 아이의 감정을 이해하고 있다는 걸 보여 주죠. 그리고 안전함을 느낄 수 있도록 도와주고 있습니다. 또 다른 예를 볼까요?

아이 : 와! 엄마, 저기 빨간 딸기가 있어요!

엄마 : 오, 정말 탐스럽게 익은 딸기구나. 냄새를 맡아 볼까? 달
콤한 향기가 날 거야.

아이 : (호기심 어린 눈으로) 정말요? 한번 맡아 볼게요.

엄마 : 어때? 좋은 냄새가 나니? 딸기 냄새를 맡으니 기분이 어
떠니?

아이 : 와, 정말 달콤해요! 먹고 싶어요!

이 대화에서는 엄마가 아이의 흥분된 감정을 그대로 받아주면
서, 동시에 호기심을 자극하고 있습니다. 이는 아이의 경험을 풍
부하게 만들어주는 좋은 방법입니다.

이렇게 아이의 감정에 맞춰 대화하는 것을 '정서적 조율'이라
고 합니다. 아이가 흥분해 있을 때는 차분하고 안정적인 목소리
로, 우울하거나 기운이 없을 때는 밝고 활기찬 톤으로 대화하면
서 아이의 감정을 조절해 주는 거예요. 중요한 건 아이의 감정을
인정하고 받아들이는 마음가짐입니다. 단순히 목소리의 높낮이
를 조절하는 것이 아니라, 아이의 감정에 공감하면서 적절한 방
식으로 대응하는 것이 핵심입니다. 이러한 접근은 아이의 감정
조절 능력 발달을 돕고, 부모-자녀 간 정서적 유대를 더욱 강하
게 만들어 줍니다.

아이들은
관심받기 위해 애쓴다

하지만 때로는 부모도 아이의 마음을 헤아리기 어려울 때가 있습니다. 스트레스가 심하거나, 정신적으로 힘들 때, 또는 어린 시절 부모의 사랑을 충분히 받지 못했을 때 그럴 수 있습니다. 이럴 경우에 부모는 아이의 마음 상태에 집중하기 어렵기 때문에 엉뚱한 반응을 보이거나 대충 말하기 쉽습니다. "뭐가 슬프니?", "화내는 이유를 모르겠어! 그만해!"와 같이 아이의 감정을 억압하는 말을 하기 쉽습니다.

이런 상황이 계속되면 아이는 '내가 귀찮은 존재인가?'라고 생각할 수 있습니다. 아이는 부모의 반응으로 인해 슬픔, 분노, 두려움, 부끄러움 등의 감정을 느낄 수 있습니다. 그러다 보면 자존감이 낮아지고, 자신을 소중하게 여기지 못하게 됩니다.

어떤 아이들은 부모의 관심을 받으려고 애를 씁니다. 부모의 눈치를 보며 억지로 웃기도 하고, 부모를 위로하려고 하죠. 부모의 헤아림을 받지 못한 아이들은 아이가 도리어 부모의 마음을 헤아려 주고 부모의 관심을 받으려 노력합니다. 이런 아이들은 자라서도 자신의 감정보다 다른 사람의 감정을 더 중요하게 여기기 쉽습니다.

타인의 감정과 욕구가 우선인 사람은 어린 시절 관심받지 못하

예민한 아이 욱하는 엄마

는 상황에서 사랑받기 위해 타인의 마음을 먼저 헤아리는 삶의 방식을 필사적으로 선택한 것입니다. 어린 시절의 결핍된 욕구가 충족되고 상처가 아물면 타인뿐만 아니라 나의 마음도 소중히 헤아릴 수 있게 됩니다.

하지만 기억하세요. 건강한 관계는 나와 상대방의 마음을 동시에 소중히 여길 때 만들어집니다. 우리 모두 어린 시절의 상처를 치유하고, 자신과 타인의 마음을 함께 헤아리는 법을 배워 갈 수 있습니다.

아이의 마음을 헤아리는 또 다른 방법으로 '감정에 공감하기'가 있습니다. 이는 아이의 입장에서 상황을 바라보는 것입니다. 아이의 감정을 있는 그대로 받아들이면, 아이는 마음이 안정되어 생각의 폭이 넓어지고 행동도 좋아집니다. "왜 그렇게 느끼니?"라고 꼬치꼬치 묻기보다는, 아이의 감정을 그대로 인정해 주세요. 다음의 대화법을 참고하면 아이의 기분을 상하게 하지 않고 건강한 대화를 이어갈 수 있습니다.

아이 : 엄마, 오늘 유치원 안 갈래요. 너무 힘들어요.

엄마 : 아, 그렇구나. 오늘 많이 피곤해 보이네.

아이 : 네, 어제 늦게 자서 더 자고 싶어요.

엄마 : (아이의 머리를 부드럽게 쓰다듬으며) 그랬구나. 피곤해

서 더 자고 싶은 마음 이해해. (아이의 어깨를 토닥이며) 그런데 30분 후에는 유치원에 가야 해. 엄마가 조금 더 기다려줄 테니, 준비되면 말해줄래?

아이 : 엄마, 거실 불 켜주세요.

엄마 : 이제 잘 시간이야. 불을 끄고 자야지.

아이 : 놀고 싶어요.

엄마 : 음, 놀고 싶구나.

아이 : 블록놀이 같이 해요, 엄마!

엄마 : 블록놀이를 하고 싶구나. 그럼, 블록놀이 조금만 하고 잘 준비하자. 몇 개만 만들고 잘까?

아이 : 네, 몇 개만 만들어요!

많은 부모들은 어릴 때 감정이 억눌린 채 자랐을 것입니다. 그래서 아이의 감정을 인정해 주고 싶어도 실천이 어려울 수 있습니다. 아이의 감정을 공감해 주는 구체적인 방법은 아래와 같습니다.

- 아이의 표정과 행동을 주의 깊게 살펴보세요.
- 아이 쪽으로 몸을 기울이며 경청하고 있다는 걸 보여 주세요.

- 아이의 말을 건성으로 듣지 말고 집중해서 들어 주세요.
- "음", "그렇구나"와 같은 말로 공감을 표현해 보세요.
- 아이의 감정을 부모가 이해한 말로 다시 표현해 주세요.
- 의견이 다르더라도 수용적인 태도로 말해 보세요.

중요한 건 아이의 말을 주의 깊게 듣고 공감해 주며, 부모가 이해한 새로운 말로 아이에게 표현해 주는 것입니다. 그냥 앵무새처럼 반복하거나 공감하는 척만 하면 안 됩니다. 아이들은 금방 알아채거든요. 진심 어린 마음으로 대할 때, 아이는 부모님의 따뜻한 마음을 느낄 수 있습니다.

자신의 감정을 잘 이해하는 아이 곁에는 언제나 그 감정을 인정해 주는 부모가 있습니다. 이렇게 이해받은 아이들은 스스로 문제를 해결하고 바르게 행동할 수 있게 됩니다. 우리도 함께 노력해 볼까요?

달래기의 달콤한 레시피

아이의 마음을 녹이는
따뜻한 말들

엄마: (놀이터에서) 많이 놀았으니, 이제 집에 가서 밥 먹자!

아이: 싫어. 난 더 놀 거야.

엄마: (30분 지난 후) 저녁 먹어야 돼. 이제 가야지.

아이: 싫어. 미끄럼틀 더 탈 거야. 엄마 혼자 가!

엄마: (화가 나서) 너는 엄마 말이 안 들리니? 그만하지 못해!

아이: (놀이터 바닥에 눕고 울부짖으며) 싫어. 안 갈 거라고!

아이가 놀이터에서 계속 놀겠다고 떼를 쓸 때, 부모는 당황하기 쉽습니다. 하지만 이런 상황에서 "그만하지 못해!"와 같은 강압적인 말은 아이에게 부정적인 영향을 줄 수 있습니다. 아이에게 강제적으로 요구하면 아이는 겉으로는 순응할지 모르지만, 내면에는 불안감과 반항심이 자라날 수 있습니다.

부모가 아이에게 자주 명령조로 말하면, 아이는 자신의 선택권이 없다고 느낄 수 있습니다. 이런 생각은 아이의 삶에 대한 통제력을 낮추고, 장기적으로 목표 달성에 대한 의지를 약화시킬 수 있습니다. 삶에 대한 통제력이 낮은 사람은 '하기 싫지만 시키는 대로 해야지.'라는 생각을 가지게 되어 목표를 이루려는 노력을 게을리하게 됩니다.

반면 아이에게 선택권을 주면 삶에 대한 통제력이 높아지고, 목표 달성을 위해 더 열심히 노력하게 됩니다. 결론적으로 삶에 대한 통제력이 높은 사람은 낮은 사람에 비해 목적의식이 강하고 더 열심히 노력하기 때문에 목표를 성취할 가능성이 더 높아집니다.

아이가 떼를 쓸 때, 부모는 먼저 자신의 마음을 진정하는 것이 중요합니다. 마음이 안정되어야 상황을 어떻게 수습할지 생각할 수 있으니까요. 크게 심호흡을 수차례 반복하면서 놀란 마음을 다독입니다. 그 후에 아이에게 몇 가지 대안을 제시하여 선택권을 줄 수 있습니다. 아래의 대화를 읽어보며 실천해 보세요.

부모: 놀이터에서 두 시간 넘게 놀았으니까 이제 집에 가서 간

식 먹자!

아이 : 싫어요. 난 더 놀 거예요.

부모 : 아직 놀이터에서 더 놀고 싶은 것 같네? 그런데 어쩌지. 이제 저녁을 먹을 시간인데, 저녁을 먹지 않으면 배가 고플 거야. 지금 저녁을 먹으러 집에 가든지, 아니면 집에서 엄마가 식사를 준비하는 동안 거실에서 미끄럼틀을 타던지. 아니면 네가 생각하는 다른 좋은 방법이 있다면 이야기해줘.

아이 : 딱 10분만 더 놀다 가요.

부모 : 10분 동안 놀고 저녁 먹으러 가도 되겠니?

아이 : 네.

아이 : 양말 신기 싫어.

부모 : 신기 싫어? 그럼 기다려줄게. 좀 있다 신어 보자.

부모 : (10분 후에) 고양이 양말이랑 토끼 양말이 있어. 아니면 네가 원하는 다른 양말이 있으면 알려줘. 어떤 양말을 신을지 정하렴.

아이 : 음, 난 고양이 양말 신을 거야.

아이 : (친구의 킥보드를 만지며) 이거 내 거야.

부모: 음, 그건 친구 건데, 네 것은 아니야.

아이: 아니야, 내 거야. 내가 가지고 놀 거야.

부모: 지금 킥보드 타고 싶나 보네? 집에서 킥보드를 가져와서 놀까?

아이: 집에서 킥보드 가져와서 놀아요!

신발을 신는 것, 옷을 입는 것, 놀이 활동을 하는 것, 식사하는 것 등 일상의 사소한 일부터 아이에게 선택할 수 있는 기회를 주세요. 아이에게 선택권을 주면 아이는 자신이 선택한 것을 편안하게 받아들일 수 있습니다. 그롤닉(Grolnick), 데시(Deci), 라이언(Ryan) 박사의 연구(1997)에 따르면, 아이에게 선택권을 주는 것은 자율성에 대한 내재적 욕구를 만족시키고 자기 주도적 의사결정 능력을 향상시킵니다. 예를 들어 "고양이 양말을 신을래, 토끼 양말을 신을래?"와 같이 제한된 선택지를 제공하는 것이 효과적일 수 있습니다. 이는 성인이 된 후에도 높은 자존감과 삶의 만족도로 이어질 수 있습니다. 아이의 선택권을 존중해 주면 결국 아이와 부모가 함께 편안해지고 아이와의 말다툼은 사라질 겁니다.

아이가 선택할 수 있는 넓은 범위의 기준을 제시해 주고, 그 속에서 아이가 자유롭게 의견을 말할 수 있도록 도울 수도 있습니다. 아래의 대화를 읽어 보며 실천해 보세요.

> 아이 : 신발 신고 놀이터 가요.
> 부모 : 그래, 신발 신자. 지금은 겨울이니까 샌들은 추워서 신을
> 수 없어. 샌들 빼고 여기 신발 중에서 골라 봐.
> 아이 : 아기상어 신발 신고 갈래요.
> 부모 : 응, 그래, 신어보자.

"아이에게 선택권을 주었지만, 계속 떼를 쓴다면 어떻게 해야 할까요?"라고 질문하는 부모들이 있습니다. 아이가 떼를 쓸 때 무조건 받아주는 것이 최선의 방법은 아닙니다. 아이의 마음을 공감해 주면서도 적절한 훈육이 필요합니다. 스메타나(Smetana) 박사의 연구(1999)에 따르면, 부모의 지도를 통해 아이에게 윤리적 기준을 제시하는 것이 중요합니다. 예를 들어 "식사 시간에는 함께 식사를 해야 해. 밥 먹는 도중에 돌아다니면 안 돼."와 같이 명확한 규칙을 설정하는 것이 도움이 됩니다.

특히 아이가 공공장소에서 드러눕거나 고함을 지르는 등의 행동을 반복하는 경우, 부모는 자신이 너무 허용적인 것은 아닌지 돌아봐야 합니다. 아이는 부모가 모든 요구를 들어줄 때 더 자주 떼를 쓰고, 부모의 인내심을 시험하려고 할 수 있습니다.

아이와의 갈등 해결을 위해서는 지켜야 할 규칙과 허용할 수 있는 한계를 명확히 해야 합니다. 아이에게 명확하게 해도 되는 행동과 해서는 안 되는 행동에 대해 설명하지만, 따뜻한 태도로 아이를 보살핀다면 아이가 건강하게 성장할 수 있습니다. 해서는 안 되는 행동의 한계는 다른 사람에게 손해를 끼치거나 생명에 위협이 되는 것입니다. 이런 한계 내에서 아이가 원하는 것은 받아 주면, 아이는 요구해도 되는 때와 참아야 할 때를 분별할 줄 알게 됩니다. 아이의 자율성의 욕구를 충족시켜 주면 스스로 조절할 줄 아는 힘이 길러집니다.

"자동차 놀이를 하고 싶은데, 밥을 먹자고 해서 화가 났구나. 하지만, 식사 시간에는 같이 식사를 하는 거야. 그리고 밥 먹는 도중에 돌아다니는 행동은 하지 않아야 해요. 식사를 다 마치고 자동차 놀이를 같이 해요."

"키즈카페에 가고 싶은데, 가지 않아서 속상하구나. 속상한 마음은 알지만, 길바닥에서 드러눕는 행동은 하면 안 돼요. 찻길에서 드러누우면 다칠 수 있어서 위험해요. 약국에 들렀다가 키즈카페에 데려다줄 테니 조금만 참아줄 수 있겠니?"

아이의 떼쓰는 행동에 부모도 사람인지라 화가 날 수 있습니다. 아이에게 하지 말아야 할 말을 내뱉고 속상할 수도 있습니다. 그럴 땐 무심히 그 상황을 넘기지 말고 부모의 실수를 인정하고 사과하는 것도 중요합니다. 이는 건강한 부모자녀 관계 형성에 도움이 됩니다.

"좀 전에 엄마가 바닥에서 일어나라고 했지? 사람들이 많이 지나다니는 곳에서 누워 있으면 다칠 수도 있고 위험해서 그렇게 말한 거야. 엄마가 화가 많이 나서 너에게 소리를 지른 건 정말 미안해. 앞으로는 화내지 않고 차분히 말할게. 사람이 많은 곳에서는 드러눕지 않는 거야. 알겠지?"

비록 부모가 아이에게 화를 심하게 냈다 하더라도 화를 가라앉히고 아이에게 차분하고 따뜻한 말로 그 상황을 설명해 준다면 아이의 응어리 진 마음은 풀립니다. 아이는 부모의 말을 듣고 자신의 행동을 되돌아보게 됩니다. 그리고 행동이 허용되는 범위를 이해하고 정해진 기준에 맞추려 노력할 것입니다.

아이가 부모에게 고집을 피우는 시기도 한때입니다. 아이가 떼를 쓰고 고집을 피울 때 심호흡을 하며 '너의 어린 시절이 그리울 때가 있겠지.'라는 마음을 가지고 아이를 대해 보세요. 얼마

지나지 않아 성장한 아이를 마주하며 어린 시절의 떼 부리던 아이의 모습을 떠올리며 웃음 짓는 때가 올 겁니다. 지금 이 순간에 아이와 함께 있음에 감사하고 즐거운 마음으로 육아를 한다면 아이의 커 나가는 모습이 기쁨이며 행복일 겁니다.

부드러운 "안 돼" 말하기

아이의 마음을
다치지 않게 하는 기술

아이 : (큰 목소리로) 나 큰 컵으로 물 마실래요!

부모 : 그 컵은 너무 무거워서 위험해. 대신에 파란 컵으로 줄게.

아이 : (발을 구르며) 싫어요! 나 큰 컵으로 마시고 싶어요!

부모 : (한숨을 쉬며) 왜 이렇게 말을 안 듣니?

부모는 아이가 사용하기 곤란한 것, 해롭다고 여겨지는 것에 대해 "하지 마", "안 돼"와 같은 말을 자주 사용합니다. 아이에게 해서는 안 되는 행동에 대해 정확히 알려주기 위해 "시끄럽게 떠들면 안 돼!", "책을 더럽히면 안 돼!"와 같은 말로 아이에게 주의를 줍니다.

아이의 부적절한 행동은 발달 과정에서 나타나는 자연스러운 현상으로, 주로 2~3세부터 시작됩니다. 이 시기에 아이들은 자아를 형성하고 독립성을 키우며, 자신의 욕구와 환경의 제약 사이에서 갈등을 경험하게 됩니다.

아이에게 하면 안 되는 행동에 대해 언제부터 알려주면 좋을까요? 아이가 두 돌이 될 때까지는 아이의 욕구를 대부분 충족시켜 주는 게 좋습니다. 아이는 먹고, 자고, 놀고 싶은 기본 욕구가 충족되어야 세상을 긍정적으로 바라보고 심리적으로 안정된 아이로 성장할 수 있기 때문입니다. 영유아기(0~2세)에는 주로 환경을 안전하게 만들고 긍정적인 관심을 주는 것이 중요합니다.

두 돌이 지나면 아이들은 떼를 쓰고 자기 마음대로 행동하려 들며 고집을 피우기 시작합니다. 이 시기부터 하면 안 되는 행동, 해야 하는 행동에 대해 설명해 주어야 합니다. 만 3세부터는 대부분 어린이집을 다니며 사회 규칙을 배우고 집단 생활을 하게 되는데, 이때 잘못된 행동을 한다면 적극적으로 하지 말아야 하는 행동과 해야 하는 행동에 대해 알려주어야 사회생활에 잘 적응할 수 있습니다. 유아기(3~5세)에는 간단한 규칙을 설정하고 일관되게 적용하며, 올바른 행동에 대해 칭찬하는 것이 효과적입니다.

아이에게 하면 안 되는 행동을 알려주면 아이가 상처받을까 봐 걱정하는 부모도 있습니다. 하지만 "하면 안 돼"라고 말한다고 해서 아이가 크게 상처받지도, 자존감이 떨어지지도 않습니다. 오히려 하지 말아야 될 행동과 해도 되는 행동을 알고 자신의 행동을 자제할 수 있는 아이는 자존감이 높습니다.

아이의 욕구가 좌절될 때 '내가 하고 싶은 대로 안 되는구나!'를 느끼게 됩니다. 살다 보면 모든 욕구가 충족될 수는 없습니다. 자기 뜻대로 해야만 직성이 풀리는 아이는 주위 사람의 눈살을 찌푸리게 만들고 사회에서 비난받기 쉽습니다. 아이는 욕구의 좌절과 충족을 맛보면서 자아가 단단해지고 회복 탄력성도 높아집니다.

아이가 하지 않아야 될 행동을 한다면 단호하게 한마디 하는 상황도 필요합니다. 부모는 어떤 것이 옳고 어떤 것이 잘못된 행동인지 자녀의 안전을 위해 구체적으로 알려주어야 합니다.

아이를 키우다 보면 아이에게 매일 웃어 줄 수는 없는 상황들이 생기기 마련입니다. 그럴 때 짜증을 부리거나 감정적인 대처는 아무 도움이 되지 않습니다. 감정은 최대한 자제해야 합니다. 감정적인 반응은 부모와 아이 관계에 부정적인 영향을 미칠 뿐만 아니라 아이의 잘못된 행동을 개선하는 데 어떤 도움도 되지 않습니다. 부모는 아이에게 낮은 톤의 차분한 목소리로 하지 말아야 할 행동에 대해 "하지 마", "뛰어선 안 돼"라고 단호하게 말할 줄 알아야 합니다. 아이가 이해할 때까지 반복해서 말해 주어야 합니다.

하면 안 되는 행동에 대해 알려줄 때 안 되는 이유를 명확히 설명해 주어야 합니다. 그렇지 않으면 아이는 '왜 안 되는 거지?', '그럼 어떻게 하라는 거지?'와 같은 의문을 품게 되고 난감해합니다. 아이가 밖에 나가서 놀자고 하는데 그렇게 할 수 없는 경우에는 다음과 같이 아이가 알아들을 수 있는 말로 상세하게 이유를 설명을 해줘야 합니다.

"엄마도 너랑 밖에서 놀고 싶어. 하지만 지금 밖에 비가 많이 와서 위험해. 비가 그치면 우리 같이 나가서 놀자. 그때까지 집에서 재미있는 블록놀이 해볼까?"

"안 돼!"라는 단순한 금지보다는 이유를 설명하고 대안을 제시하는 것이 효과적입니다. 아이에게 "급하게 먹지 마!"라는 말만 하는 것보다 "밥은 이렇게 한 숟가락씩 천천히 먹어보자. 맛있게 씹으면서 먹으면 배가 더 잘 소화돼."와 같이 구체적으로 어떻게 행동하면 되는지도 알려주어야 합니다. 그러면 아이가 어떻게 행동해야 하는지 깨닫고, 꾸중을 들었을 때보다 기분 좋게 부모의 말을 받아들일 수 있습니다.

"아이는 유리컵을 사용하면 안 돼! 저리 가!"

→ "유리컵은 무겁고 깨지기 쉬워서 위험해. 대신 네가 좋아하는 노란 컵으로 물 마시자. 그럼 안전하게 마실 수 있어."

"장난감을 바닥에 모두 던져 놓지 마!"

→ "장난감을 바닥에 다 꺼내면 넘어질 수 있어. 지금 가지고 놀 장난감만 꺼내서 놀자. 다 쓴 장난감은 바구니에 넣어 줄래?"

"스티커를 벽에 붙이면 어떡하니? 벽에 붙이면 안 돼!"

→ "스티커는 벽에 붙이면 안 돼. 벽이 더러워질 수 있어. 여기 네 스티커북에 붙이면 어떨까? 동물 스티커를 책에 붙이면 멋진 동물책이 될 거야."

부모가 생각할 시간이 필요하고 아이도 신중하게 생각해 볼 시간이 필요할 때 아이에게 바로 "안 돼!"라고 말하기보다는 다음과 같이 말해 줄 수 있습니다. "잠시 생각해 보자."라는 말을 하면서 부모가 아이 입장에서 생각할 시간을 가져볼 수 있습니다.

"방학 동안 할머니 집에 계속 있는 건 안 돼!"

→ "할머니 댁에 가고 싶구나. 할머니가 보고 싶어? 우리 같이

예민한 아이 욱하는 엄마

언제 갈지 조금 더 생각해 보자. 할머니한테 전화해 볼까?"

상황에 따라 "안 돼!"라는 말 대신 아이의 감정을 다음과 같이 헤아려 주는 것도 도움이 됩니다. 감정을 이해받은 아이는 어느새 고집을 꺾고 마음이 안정됩니다.

"놀이터에서 그만 놀고 이제 집에 가야지. 더 노는 건 안 돼!"
→ "놀이터에서 더 놀고 싶어 보이네. 재미있었지? 아쉽지만 이제 어두워져서 집에 가야 해. 내일 다시 와서 놀자. 집에 가서 맛있는 저녁 먹자."

아이가 실수를 하게 되면 부모는 어른의 시각으로 "그러면 안 돼! 넌 왜 이리 멍청하니? 그런 행동을 왜 하는 거니?"라고 꾸짖고 싶은 충동이 올라올 수 있습니다. 아이에게 욱하는 마음이 올라오고 상처가 되는 말을 순간적으로 내뱉게 되는 것입니다. 그럴 때 감정 섞인 말보다는 하지 말아야 하는 행동을 하면 어떤 결과를 맞이하게 되고, 해야 하는 행동을 하면 어떤 점이 도움이 되는지 알려주세요. 그러면 아이가 부모의 말을 듣고 이해하며 행동을 쉽게 변화시킬 수 있습니다.

캐나다 매니토바대학교의 교수인 조앤 두란트(Joan Durrant)와

론 엔섬(Ron Ensom)의 연구에 따르면 체벌 대신 긍정적 훈육 방법을 사용할 때 아동의 행동 문제가 감소하고 부모-자녀 관계가 개선됩니다. 또한 호주 멜버른대학교의 심리학 교수인 소피 해비허스트(Sophie Havighurst)와 그의 동료들의 연구는 부모의 감정 코칭(Emotion Coaching)이 아동의 행동 문제 감소와 정서적 능력 향상에 도움이 된다는 것을 보여줍니다.

새로운 상황에서 "우리 같이 생각해 보자. 이 상황에서 어떻게 하면 좋을까? 네 생각은 어때?"라고 질문하며 아이가 스스로 생각할 수 있는 능력을 키워주는 것이 중요합니다. 물론 아이가 새로운 상황에서 적절한 방향을 찾지 못할 수도 있습니다. 그럴 때는 부모가 아이의 손을 잡고 길을 안내하듯이 조금씩 올바른 방향을 제시해 주면 됩니다. 아래의 대화를 참고하여 대화하면, 아이는 창의적이고 자존감 높은 아이로 성장할 것입니다.

아이 : (여름 반팔 옷을 꺼내며 신나게) 엄마, 나 토끼 옷 입을래요!

엄마 : 와, 토끼 옷 정말 예쁘다! 근데 밖에 눈이 와서 추운데… 토끼 옷 입으면 감기 걸릴 수 있어. 따뜻한 사과 그림 옷 입을까?

아이 : (입을 삐죽 내밀며) 싫어요. 토끼 옷 입고 싶어요.

엄마 : 음… 그럼 우리 어떻게 하면 좋을까? 토끼 옷도 입고 춥

지 않게 할 수 있을까?

아이: (잠시 생각하다가 밝은 표정으로) 아! 토끼 옷 입고 그 위
에 따뜻한 옷 입으면 되겠다!

엄마: (미소 지으며) 와, 정말 좋은 생각이구나! 그렇게 하자.
토끼 옷 입고 그 위에 따뜻한 옷 입자.

아이에게 반복적으로 해야 할 행동을 알려주면, 그 행동이 습
관으로 자리 잡을 수 있습니다. 이후 새로운 상황에서 아이의 행
동을 지켜보며, 노력한 부분과 잘한 부분에 대해 칭찬과 격려를
아낌없이 해주세요. 그러면 아이는 창의적이고 자존감 높은 아
이로 성장할 것입니다. 우리 아이의 마음에 선한 습관의 씨앗을
심어 주세요. 그 씨앗이 자라 아름다운 행동의 꽃을 피울 때까지
인내심을 가지고 기다려 주세요.

감정 조절의 신호등 만들기

자기 감정을 다스리는 아이로
키우는 전략

아이들의 뇌, 특히 전두엽은 아직 완전히 자라지 않았습니다. 그래서 생각이 떠오르면 바로 행동으로 옮기고, 성급하게 대답하는 경향이 있습니다. 충동성이 강한 아이들은 신중함보다는 행동이 앞섭니다.

"저기 위험해! 멈춰야 해!"라고 말해도 아이는 자신이 원하는 곳으로 달려갑니다. 나무 위에서 뛰어내리려 하고, 깊은 바다에 뛰어들려 하고, 친구의 놀이를 방해하거나 물건을 빼앗는 행동을 겁 없이 합니다. 이런 아이들은 뇌 신경세포의 활동이 무척 활발해서 새로운 자극을 끊임없이 찾아 헤맵니다.

충동성이 강한 아이들은 감정의 변화가 심하고 짜증을 자주 냅니다. 부모의 말을 잘 듣지 않고 고집을 부리며 떼를 씁니다. 규칙을 따르지 않고, 한 곳에 가만히 앉아 있지 못합니다. 새치기를 자주 하고 차례를 지키지 못합니다. 다른 사람의 말을 집중해서 듣지 못하고 말하는 중간에 자주 끼어듭니다. 과제를 끝까지 하지 못하고, 정리정돈을 잘하지 못합니다. 물건도 자주 잃어버립니다.

전두엽은 충동 조절, 계획 수립, 결과 예측 능력을 담당하는 뇌의 영역입니다. 아동기에는 이 부분이 아직 완전히 자라지 않았기 때문에, 아이들은 자신의 욕구를 참지 못하고 바로 충족시키고 싶어 합니다.

케이시(Casey) 박사와 동료들의 연구(2011)에 따르면, 전두엽의 발달과 충동 조절 능력 사이에는 강한 상관관계가 있다고 합니다. 이 연구는 아동기와 청소년기의 뇌 발달이 자기 조절 능력의 향상과 밀접하게 연관되어 있음을 보여줍니다.

충동적인 아이들은 뒷일을 생각하지 않고 행동이 먼저 앞서는 경향이 있어서 주위 사람들에게 비난과 제지를 당하는 경우가 많습니다. 충동적인 아이에게 행동의 결과를 미리 생각해 보게 하는 질문을 던져 보세요. 그러면 충동성이 서서히 줄어들 것입니다.

"친구의 팔을 물면 친구가 많이 아플 것 같은데, 어떻게 생각해?"

"바다에 혼자 들어가면 위험해. 물속에 빠질 수 있어. 어떻게 생각해?"

"새치기하면 다른 친구들이 슬퍼할 거야. 우리도 차례 기다리면서 놀이기구 타면 더 재미있지 않을까?"

이런 질문들은 아이의 전두엽을 깨워 즉흥적인 행동을 막고, 더 나은 방향으로 생각하고 행동할 수 있게 도와줍니다.

충동적인 아이는 생각보다 행동을 먼저 하므로, 행동하기 전에 스스로 생각할 시간을 갖게 하는 것이 충동성을 줄이는 데 효과적입니다. 아래와 같은 질문은 아이의 섣부른 행동을 막고 스스로 생각하는 힘을 길러 줍니다.

"잠깐! 친구 자전거는 친구한테 먼저 물어봐야 해. 우리가 허락 안 받고 타면 친구가 어떻게 생각할까?"

자기 조절력은 힘든 상황에서도 미래를 긍정적으로 바라보고 스스로 행동을 통제하며 견뎌내는 힘입니다. 만족 지연 능력은 당장의 작은 만족을 참고 나중의 더 큰 목표를 이루기 위해 인내하는 능력이지요. 이런 능력들은 대체로 3~5세 사이에 형성되기

예민한 아이 욱하는 엄마

시작합니다. 유아기는 자기 조절력을 향상시킬 수 있는 결정적인 시기입니다. 만족 지연 능력을 키우면 아이의 자기 조절력이 높아집니다. 자기 조절력이 높은 아이는 충동적인 행동을 조절할 수 있습니다.

충동적으로 행동하는 아이들은 실수가 많고 자주 혼이 나다 보니 자존감이 떨어지게 됩니다. 자존감이 낮은 아이들은 스스로를 '못난 아이'라고 여기게 되어 제 능력을 제대로 발휘하기 어려워집니다.

반면에 충동을 조절할 줄 아는 사람은 자존감이 높고 자신을 사랑할 줄 압니다. 많은 심리학자들의 연구 결과, 유아기에 만족 지연 능력이 높은 아이들은 또래 관계가 좋고 사회적 규범을 잘 지키며 어린이집, 유치원, 학교생활에 잘 적응하는 것으로 나타났습니다. 이 아이들은 자라서도 리더십이 뛰어나고 학업 성적이 높으며 자존감이 높고 사회 적응을 잘 합니다.

낸시 아이젠버그(Nancy Eisenberg) 박사와 그의 동료들이 발표한 연구(2010)는 아동의 정서 조절 능력이 부적응 행동과 어떤 관련성이 있는지 알려줍니다. 감정의 자기 조절력은 감정을 관리하고 조절하는 능력을 말합니다. 이러한 능력은 유아기에 급격히 발달하고, 성인기까지 점진적으로 향상됩니다.

아이의 자기 조절력은 공격성, 반항적 행동과 같은 외현화 문제와 반비례 관계에 있습니다. 자기 조절 능력이 높은 아이들은 이런 문제를 덜 겪는다는 뜻이지요. 우울, 불안 같은 내면화 문제와 관계는 좀 복잡하지만, 결국 자기 조절력이 높으면 이런 문제도 덜 겪게 됩니다.

자기 조절력은 유전자와 환경이 서로 영향을 주고받으며 만들어집니다. 부모의 양육 태도나 가정 분위기가 아이의 자기 조절력 발달에 중요한 영향을 미치는 것이지요.

피케로(Piquero)와 연구진(2016)은 이른 시기에 자기 조절력을 향상시키는 프로그램의 참여가 아이의 규칙 준수와 비행 감소에 효과적임을 알려줍니다. 어릴 때부터 자기 조절력을 키우는 프로그램에 참여하면 아이가 규칙을 잘 지키고 비행도 덜 저지르게 됩니다. 특히 인지행동 접근을 활용한 프로그램이 가장 효과적입니다. 이는 아동기 초기부터 자기 조절력을 키우는 노력이 필요하다는 것을 알려줍니다.

인지적 요소와 정서적 요소를 함께 가르치기

자기 조절력을 키울 때는 머리로 아는 것(인지적 요소)과 마음으로 느끼는 것(정서적 요소)을 함께 가르치는 게 좋습니다. 예

예민한 아이 욱하는 엄마

를 들어 아이가 넘어져 무릎에 피가 났을 때 "약이랑 반창고로 치료해 줄게!"라고 하는 것은 인지적 해결책입니다. 여기에 "다 쳐서 엄마 마음이 아파. 엄마가 꼭 안아 줄게!"라는 정서적 반응을 더하면 아이의 자기 조절력을 높이고 충동성을 줄이는 데 더 효과적입니다.

아이는 놀이를 통해 자기 조절력을 키울 수 있습니다. 친구와 놀면서 규칙을 배우고 지키려고 노력하는 과정에서 자기 조절력이 높아지는 거죠. 충동성이 높은 아이는 분명한 규칙을 정하고 놀게 하는 게 좋습니다. 분명한 규칙이 필요한 이유는 아이는 매 순간 자신이 원하는 대로 즉흥적으로 행동하기 때문에 친구와 다투고 주위 사람들에게 꾸중을 들을 가능성이 높기 때문입니다. 규칙을 잘 지키지 않으면 "우리 같이 정한 약속 기억나지? 약속은 꼭 지켜야 해!"라고 분명히 말해 주세요. 아이가 심하게 떼를 쓴다고 해서 부모가 아이 기세에 눌려 "이번 한 번만 봐줄게. 너가 하고 싶은 대로 해."라고 말하면 아이의 충동적인 행동은 고쳐지기 어렵습니다. 부모가 일관성 있는 태도로 아이가 규칙을 지킬 수 있도록 안내해야 아이의 자기 조절력이 높아집니다.

만족 지연 능력을 키우려면 아이가 왜 지금 하고 싶은 걸 참아야 하는지 이해해야 합니다. 예를 들어 아이가 사탕만 먹으려 한다면 "사탕을 많이 먹으면 이가 아프고 밥도 맛없어질 수 있어.

그리고 몸도 뚱뚱해져서 건강에도 안 좋아. 우리 사탕 조금만 먹는 게 어때?"라고 물어보세요. 아이가 참았을 때는 이렇게 칭찬해 주세요.

"와, 사탕 먹고 싶었는데 참았구나! 정말 잘했어!"

"유튜브 안 본다고 약속했는데 잘 지켰네! 보고 싶었을 텐데 어떻게 참았어? 엄마한테 알려줄래?"

"정말 잘 참았어! 엄마가 너무 자랑스러워!"

자기 조절력 높은 아이로 키우려면 부모도 차분하고 절제력 있는 모습을 보여 주어야 합니다. 부모가 산만하게 돌아다니거나 스트레스를 받으면 욱하면서 감정 조절을 하지 못하는 모습을 보인다면, 아이는 그런 행동을 그대로 모방하게 됩니다. 욱하는 감정이 올라올 때는 숫자를 세면서 감정이 가라앉을 때까지 기다리는 것도 좋은 방법입니다.

아이가 참고 기다릴 때, 기다림의 대상에 몰입하지 않고 다른 쪽으로 생각을 전환할 수 있도록 도와주면 만족 지연 능력을 키우는 데 도움이 됩니다. 예를 들어 그네를 기다리는 동안 "친구가 그네 타는 동안 우리 시소 타면서 기다려 볼까? 그러면 시간이 더 빨리 갈 것 같아!"라고 말해 주세요. 아이가 다른 활동을

예민한 아이 욱하는 엄마

즐겁게 하는 사이에 기다리는 지루함은 사라졌을 겁니다. 이처럼 아이가 자기 조절을 하기 위해 다른 생각으로 주의를 전환하는 인지 전략을 사용하는 것은 만족 지연 능력을 키우는 좋은 방법입니다.

아이가 만족 지연을 잘하지 못하는 또 다른 이유는 얼마나 기다려야 하는지 알지 못하는 불확실감 때문입니다. 얼마나 기다려야 하는지 알면 더 잘 참습니다. 달력이나 모래시계를 활용해 기다릴 시간을 명확히 알려주면 인내심 높은 아이로 자랄 수 있습니다.

"(달력을 가리키며) 여기 봐, 이틀만 자고 일어나면 우리가 놀이공원에 갈 수 있어! 신나지?"

"(모래시계를 보여주며) 이 모래가 다 떨어지면 우리가 들어갈 차례야. 모래 떨어지는 거 구경하면서 기다려볼까?

부모의 따뜻한 관심과 지속적인 지도로 아이의 자기 조절력은 꽃처럼 피어날 것입니다. 부모의 사랑은 아이의 성장에 든든한 버팀목이 되어, 감정과 행동을 다루는 능력을 키워 줍니다. 이는 아이가 세상 속에서 건강하게 뿌리내리는 데 꼭 필요한 힘이 됩니다.

싸움에서 피어나는 사랑

다툼을 이해의 기회로
만드는 비밀

윤지 : (신나게) 와! 지우야, 나도 같이 놀자! 이 블록으로 멋진
　　　배 만들 거야!

지우 : (화난 목소리로) 안 돼! 이건 내 블록이야! 만지지 마!

윤지 : (블록을 잡으며) 에이, 나도 놀고 싶단 말이야!

지우 : (윤지 손에서 블록을 빼며) 싫어! 내 거라고!

윤지 : (울먹이며) 안 돼! 나도 할래!

엄마 : (단호하게) 윤지야! 그건 지우 장난감이니까 이리 줘. 너
　　　는 다른 거 가지고 놀자.

아이들이 놀다 보면 다투는 일이 종종 생깁니다. 예를 들어 윤

지와 지우가 장난감을 서로 가지고 놀겠다고 다투는 상황을 생각해 봅시다. 윤지는 뜻대로 되지 않자 지우의 블록을 빼앗습니다. 이때 엄마가 아이들 사이를 중재하려 하지만 지우의 편을 들다 보니 윤지는 엄마에게 서운함을 느끼게 됩니다.

아이들끼리 다툴 때 한쪽 편을 들게 되면 상대 아이가 속상해하는 것은 당연합니다. 아이들의 욕구를 채워 주며 다툼을 해결하면 좋겠지만, 생각보다 쉽지 않은 일입니다.

스위스의 발달심리학자 피아제(Piaget)의 인지발달 이론에 따르면, 유아기와 초기 아동기의 아이들은 자기 중심적 사고를 하는 경향이 있습니다. 이로 인해 아이들은 또래끼리 갈등을 일으키고 떼쓰는 행동을 하게 됩니다. 아이들은 자신의 관점만을 고려하고, 타인의 감정이나 욕구를 이해하는 데 어려움을 겪는 것입니다.

다툼이 일어났을 때 대부분은 심판자가 되어 누가 잘했는지 못했는지를 가리려고 합니다. 그래서 잘못한 사람에게 꾸중하고 벌을 줍니다. 그래야 앞으로는 잘못을 저지르지 않을 것이라 생각하기 때문입니다. 하지만 이런 상황에서 아이들은 각자의 욕구가 좌절되어 서로가 피해자라고 주장하게 됩니다.

다툼을 해결하기 위해서는 옳고 그름을 따지는 것보다 아이들의 욕구에 초점을 맞추어 대화해 보는 편이 낫습니다. 중간자의 입장이 되어 각자가 바라는 것이 무엇이었는지 살펴보아야 합니다. 한쪽 편을 들게 되면 상대 아이는 마음의 상처가 남게 됩니다.

　아이들의 좌절된 욕구에서 비롯된 감정에 공감해 준다면 상대방에 대한 비난의 말을 멈출 수 있습니다. 윤지는 지우와 함께 즐겁게 놀고 싶은 마음이었을 것입니다. 지우는 자신이 선택한 것을 자유롭게 가지고 놀고 싶었던 모양입니다. 두 아이의 욕구가 좌절되다 보니 윤지는 억울하고 서운한 감정을 느끼고 지우는 화나고 속이 상했을 것입니다.

　다음의 대화를 참고하여 활용해 본다면 아이들 간의 다툼을 원만하게 해결할 수 있습니다.

윤지 : (신나게) 와! 지우야, 나도 같이 놀자! 이 블록으로 멋진 배 만들 거야!

지우 : (화난 목소리로) 안 돼! 이건 내 블록이야! 만지지 마!

윤지 : (블록을 잡으며) 에이, 나도 놀고 싶단 말이야!

지우 : (윤지 손에서 블록을 빼며) 싫어! 내 거라고!

윤지 : (울먹이며) 안 돼! 나도 할래!

엄마 : (부드럽게) 잠깐만, 윤지야, 너는 지우랑 같이 놀고 싶었던 거야? (욕구 파악)

윤지 : (고개를 끄덕이며) 네, 지우랑 같이 재밌게 놀고 싶었어요.

엄마 : 그렇구나. 지우야, 너는 혼자서 블록놀이 하고 싶었던 거니?(욕구 파악)

지우 : (고개를 끄덕이며) 네, 맞아요.

엄마 : (이해하는 목소리로) 아, 그렇구나. 윤지는 지우랑 같이 재밌게 놀고 싶었는데 그러지 못해서 속상했구나. 지우는 혼자서 블록놀이 하고 싶었는데 그러지 못해서 화가 났구나.(좌절된 욕구에서 느껴지는 감정에 대한 공감)

윤지와 지우가 느끼는 서운하고 화나는 감정은 단순히 상대방의 행동 때문만은 아닙니다. 예를 들어 지우가 가지고 노는 블록을 윤지가 빼앗은 행동이 지우의 화를 자극했을 수 있지만, 그 근본적인 이유는 지우의 바람이 이루어지지 않았기 때문입니다.

우리의 욕구는 매 순간 바뀌며, 이에 따라 기분도 변할 수 있습니다. 졸려서 쉬고 싶을 때 친구가 밖에 나가서 놀자고 하면 짜증이 날 수 있지만, 심심할 때는 즐거울 수 있습니다. 지우가 심심해서 친구와 놀이를 하고 싶었다면, 윤지가 함께 놀자고 했을 때 반갑게 맞아주었을 것입니다.

아이들 각자의 욕구를 함께 충족시킬 수 있는 방법은 다음과 같이 아이들에게 직접 물어보는 것입니다.

엄마: 윤지가 지우랑 함께 놀고 싶어 하는데, 어떻게 하면 좋을까?

지우: 음… 내가 집 다 만들고 나서 윤지랑 같이 놀게요. 그동안 윤지는 배 만들고 놀아도 돼요.

엄마: (밝은 목소리로) 와, 좋은 생각이네! 지우가 집 다 만들면 윤지랑 놀겠대. 윤지야, 어떻게 하면 재밌게 놀 수 있을까?

윤지: 좋아요! 난 정말 멋진 배 만들 거예요. 집 다 만들면 우리 같이 놀자!

아이들에게 물어보면 각자의 욕구를 충족시킬 최상의 대안을 알려줄 것입니다. 부모가 생각해 낸 중재 방안도 좋을 수 있지만, 아이들 각자의 욕구에 따른 해결 방안이 가장 효과적일 수 있습니다.

문제를 해결하는 것도 중요하지만, 문제를 해결해 나가는 과정에서 이해받고 수용되는 느낌은 우리의 마음을 회복시킵니다. 각자의 의견이 수용되지 않고 강제적으로 조정될 때, 선택권이 없을 때 좌절감을 느끼게 됩니다. 평등한 관계에서 이해와 공감을 통한 문제 해결은 좌절된 욕구를 충족시키고 상대를 포용할 수 있는 너그러움을 가져다줍니다.

타인의 관점에서 생각하는 능력을 키우는 것은 아이의 사회인지 발달에 핵심적인 부분입니다. 관점 취하기 능력은 피아제(Piaget)의 인지발달 이론에서 중요한 개념으로, 다음과 같은 방법으로 향상시킬 수 있습니다.

먼저 감정 맞추기 게임입니다. 아이에게 다양한 표정의 사진을 보여 주고 그 사람의 감정을 추측하게 합니다. 그다음 "이 사람이 왜 이런 감정을 느꼈을까?"라고 물어보면서 상황을 상상해 보게 합니다.

다음으로 관점 바꾸기 놀이를 해 볼 수 있습니다. 친숙한 동화(예: 빨간 모자)를 다른 등장인물(예: 늑대)의 관점에서 다시 이야기해 보게 합니다. 이를 통해 아이는 같은 상황도 다르게 해석될 수 있음을 이해하게 됩니다.

마지막으로 가상의 이야기를 제시하고, 등장인물의 기분과 대처 방법에 대해 아이에게 질문해 볼 수 있습니다. 예를 들어 "만약 네가 친구의 장난감을 실수로 부쉈다면, 친구는 어떤 기분일까? 네가 어떻게 하면 좋을까?"와 같은 이야기를 제시하고 아이의 의견을 묻습니다.

아이들의 다툼은 작은 씨앗과 같습니다. 우리의 따뜻한 보살핌으로 그 씨앗은 이해와 공감의 꽃으로 피어납니다. 갈등의 순간을 통해 아이들은 서로의 마음을 배우고, 관계의 소중함을 깨닫습니다. 이는 그들의 미래를 밝히는 등불이 되어, 더 나은 세상을 만들어갈 힘이 됩니다.

3장

아이를 바꾸는
마법의 말들

작은 이야기꾼 만들기

아이의 말하기 능력을 키우는
재미있는 방법들

아이들은 자신의 감정과 욕구를 적절히 표현하지 못하는 경우가 많습니다. "으앙~ 저거 줘!"라며 아무 장난감을 가리키거나, "싫어! 안 해!"라고 이유 없이 거부하는 모습을 보입니다. 때로는 다른 욕구나 불편함을 "배고파"로 표현하거나, 신체적 불편함 외의 감정도 "아파"라고 말하기도 합니다.

자기 표현력이 부족한 아이들은 자신의 감정을 인식하고 적절히 표현하는 데 어려움을 겪습니다. 이로 인해 좌절감이나 분노와 같은 감정을 적절하게 표현하지 못하고 떼를 쓰는 행동으로 표출하게 됩니다.

자기 표현력이란 자신이 느끼는 감정, 생각, 욕구를 효과적으로 표현하고 타인에게 전달하는 능력을 말합니다. 표현력이 좋은 아이는 "나는 강아지가 너무 좋아! 내가 매일 뽀뽀해 줘!"와 같이 자신의 일상을 명확하게 표현할 수 있습니다. 이런 아이는 감정을 억누르기보다 감정을 있는 그대로 표현할 수 있기에 스트레스가 적고 삶의 만족도가 높습니다. 더불어 분위기 파악을 잘하고 부모나 또래의 반응에 적절하게 대응하므로 좋은 관계를 이어나갈 수 있습니다. 이런 아이는 눈치와 재치가 있어서 또래 사이에서 인기가 많고 주위 사람들에게 사랑을 받습니다.

반면에 표현력이 부족한 아이는 힘든 일이 있었는지 물어도 머뭇거리며 말을 잘 이어가지 못합니다. "음, 그냥"과 같이 짧게 얼버무리거나 말의 중요한 내용을 빠트리고 말하기 때문에 자신의 의견을 제대로 표현하기 힘듭니다. 주위 사람들은 애매모호하게 말하거나 얼버무리는 아이에게 답답함을 느낍니다. 정확한 의사 전달이 되지 않기 때문이죠. 이로 인해 친구들에게 무시를 당하거나 따돌림을 당하기도 합니다. 친구가 "너 같이 축구 할래?"라고 물어도 아이는 "음… 난 그것보다…"라는 식으로 자신 있게 의사 전달을 하지 못하는 경우가 많습니다.

표현력이 부족한 아이는 자신의 감정을 정확히 알지 못하며 감정을 억압하는 경우가 많아서 심리적인 문제가 생길 가능성이 높습니다. 이런 아이는 부모와 감정에 대해 이야기를 한 경험이 거의 없고, 감정을 누르고 지내는 것이 안전하다는 것을 경험을 통해서 알게 되어 감정을 표현하지 않습니다. 감정 표현에 대한 부정적인 경험으로 아이는 감정을 억누르는 것이 습관이 되어 부정적인 감정이 쌓이다가 결국 어느 순간에는 가까운 사람에게 화를 터뜨리는 일이 많습니다. 그리고 자신감이 부족하거나 위축된 성격도 아이가 자신의 의사를 표현하지 못하는 또 다른 이유입니다.

그러면 아이의 표현력을 높이려면 어떻게 하면 될까요? 아이의 표현력은 부모의 표현력에 영향을 많이 받습니다. 아나운서 부모의 자녀가 발음이 좋고 말을 조리 있게 하는 것은 부모의 표현을 아이가 듣고 습득했기 때문입니다. 영유아기에 아이는 부모와 함께 지내며 대화하기 때문에 부모의 어투, 표현 방식 등을 그대로 모방하게 됩니다.

의견을 말하는 힘은 경청에서 나온다

아이가 부모의 언어 표현을 듣고 배운다고 했는데, 부모의 언어 표현력이 떨어지면 어떻게 해야 할까요? 부모가 표현력이 떨어진다고 해도 표현력을 향상할 수 있는 다양한 방법을 공부하고 활용해 본다면 아이의 표현력을 충분히 높일 수 있으니 너무 걱정하지 않으셔도 됩니다.

아이의 표현력을 높이기 위해서는 먼저 아이의 말이나 행동을 유심히 관찰해야 합니다. 아이가 평소에 어떤 방식으로 말하고 어떻게 행동하는지, 어떤 마음으로 그런 행동을 하는지 유심히 살펴보아야 합니다.

자기 의견은 말하지 않고 다른 아이의 말에 동조만 하는 아이는 대체로 자신감이 떨어지고 칭찬을 받아본 경험이 부족할 수 있습니다. 부모와 대화할 기회가 부족하거나 언어 자극이 없는 경우에는 언어 발달이 늦어지고 표현력이 떨어지게 됩니다. 표현력 부족은 의사소통의 문제로 이어져 원활한 대화가 이루어지기 어렵습니다.

아이가 자신의 의견을 잘 표현하는지 살펴보는 방법은 갈등 상황에서 의사 표현을 잘 하는지 관찰해 보면 됩니다. 평소에 아이가 "나 이거 할래", "싫어"와 같이 명확하게 의사를 표현하는지 살펴봅시다. 아이가 집에서 의사표현을 잘 하지 못하는 경우, 밖에서는 더 어렵습니다. 그럴 경우 집에서부터 아이가 "이게 좋아", "안 할래"와 같이 자신의 의사를 표현할 수 있는 기회와 원하는 것을 말할 수 있는 분위기를 제공해 주어야 합니다. 아래의 대화를 참고하면서 아이가 당당하게 표현할 수 있도록 도와주세요.

예민한 아이 욱하는 엄마

아이 : 싫어! 안 할래!

부모 : 괜찮아. 뭐 하고 싶은지 말해줘. 말 안 하면 엄마가 몰라.

아이 : 친구는 그네 타고 싶대. 나만 시소 타면 좀 그래….

부모 : 친구랑 생각이 달라서 말하기 어려웠구나! 네 마음도 중
    요해. 당당하게 말해도 돼.

아이 : 엄마 해줘.

부모 : 만두, 김밥, 오뎅? 뭐 먹고 싶어? 사줄게.

아이 : 으앙~

부모 : 오늘 뭐 입고 싶어?

자신의 의견을 표현할 줄 아는 아이로 키우기 위해서는 아이가
어떤 말을 하는지 적극적으로 들어보아야 합니다. 적극적 경청
은 아이의 말에 집중하고 관심 보이는 것을 말합니다. 아이의 말
이 끝나기도 전에 말을 자른다든가, 아이가 말할 때 딴짓을 하거
나 다른 이야기를 하게 되면 부모는 아이의 말을 정확히 듣지 못
하게 됩니다. 부모가 아이의 말을 잘 들어주고 존중해 주어야 아
이도 자신감 있게 자신의 의견을 표현할 수 있습니다.

아이가 말할 때 "음"과 같이 추임새를 넣어 주거나 고개를 끄덕이며 눈을 맞추는 행동은 아이의 말에 관심이 있음을 나타낼 수 있는 비언어적 표현방식입니다. 또 아이가 한 말의 핵심 내용을 반복해서 말해주면 아이는 자신의 말을 다시 듣게 되므로 자신의 생각을 분명히 정리할 수 있습니다.

아이의 표현력을 길러주기 위해서는 부모가 아이의 감정, 생각, 욕구를 재정리하여 적절한 문장으로 완성해서 아이에게 들려주는 것이 좋습니다. 이는 아이의 서툰 표현을 부모가 적절한 표현으로 바꾸어 아이에게 다시 들려주는 것으로, 부모가 표현의 모델 역할을 하며 명확한 의사 표현을 먼저 보여주는 것입니다. 그러면 아이는 부모의 말을 듣고서 자신의 감정, 생각, 욕구를 명확히 이해할 수 있고, 부모의 표현 방법을 배워 나갈 수 있습니다.

아이 : 윤수가 밀었어. (울먹이며) 혼자 있을 거야.
부모 : 윤수랑 싸워서 속상했구나. 같이 놀고 싶었는데, 친구가
       안 놀아줘서 속상한 거니?

위의 대화에서 아이의 언어 표현은 아직 많이 서툽니다. 이러한 표현으로는 정확한 의사 전달이 어렵습니다. 그럴 때 부모가

예민한 아이 욱하는 엄마

아이의 감정, 생각, 욕구를 부모가 이해한 대로 정확히 표현해 주어야 합니다. 아이는 부모의 말을 듣고 자신의 감정, 생각, 욕구를 정확히 정리할 수 있습니다. 아이의 감정을 언어로 표현해 주면 아이가 자신의 감정을 정확히 인식할 수 있습니다.

이러한 작업을 반복하면 아이는 표현력이 뛰어난 아이로 자라게 됩니다. 아이의 서툰 말을 자르고 충고, 무시, 비난하는 표현을 해서는 안 됩니다. 그러면 아이는 말에 대한 자신감을 잃고 대화를 피하게 될 수 있습니다.

아이의 의견을 표현할 수 있는 안전한 환경을 제공해 주어 대화의 기회를 만드는 것도 좋은 방법입니다. 가족이 매일 식사를 같이 하면 아이는 그 속에서 표현력을 키울 수 있습니다. 식사를 하면서 부모는 아이의 감정을 이해하고 공감해 줄 수 있습니다. 아이는 부모와 대화를 하면서 말을 조리 있게 하는 방법을 배워 갑니다. 그 결과 언어 표현력과 대화의 기술이 높아지게 됩니다.

자신의 의견을 잘 표현하는 아이는 자신만 옳다고 주장하는 것이 아니라, 타인의 욕구도 배려할 줄 압니다. 그리고 타인의 의견만 받아들이는 것이 아니라 소신껏 자신의 의견을 펼칠 수 있습니다.

표현하는 것이 어려운 아이는 먼저 "고마워", "사랑해"와 같은 긍정적인 표현부터 연습한 후에 "싫어", "하지 마"와 같은 부정적인 표현을 연습하는 것이 도움이 됩니다. 이는 대체로 긍정적인 표현보다 부정적인 표현을 하는 것이 더 힘들기 때문입니다.

<긍정적인 언어 표현의 예시>

- 고마움, 감사함
도와줘서 고마워! / 선생님, 고마워요! / 너 정말 멋져!

- 사랑, 행복
아빠, 사랑해! / 나는 연우가 좋아! / 지안이를 좋아해! / 너 만나서 좋아! / 엄마랑 있어서 행복해! / 할머니를 만나서 반가워! / 이모가 보고 싶어!

- 즐거움
친구랑 놀아서 신나! / 키즈카페에 가서 즐거워! / 언니랑 놀아서 재미있어! / 아침이 상쾌해!

위와 같이 긍정적인 감정을 표현하는 단어가 아주 많이 있습니다. 아이에게 다양한 감정 단어를 알려주고 부모가 실생활에서 적용하여 감정을 표현하는 연습을 함께 합니다. 아이와 긍정적인 언어 표현을 충분히 연습해 본다면 긍정적인 표현을 하는 것에 곧 익숙해질 겁니다. 그 뒤에는 "가기 싫어", "때리지 마", "하지 마", "안 할 거야"와 같은 부정적인 표현을 같은 방법으로 연습합니다. 부정적인 표현의 연습은 아이가 마음이 힘들 때 자신의 감정과 생각을 잘 표현할 수 있도록 돕습니다.

아이의 표현력을 높이기 위해서는 아이와 역할 놀이를 해보는 것도 좋습니다. 다양한 상황에서 의사 표현 연습을 하면서 역할 놀이를 활용할 수 있습니다. 아이가 친구에게 쑥스러워서 말을 잘 걸지 못하거나 자신의 의견을 잘 표현하지 못한다면 엄마가 아이 역할을 하면서 아이에게 본보기가 되어 줄 수 있습니다. 그 뒤에 엄마가 친구 역할을 맡고 아이가 친구에게 자신 있게 말을 거는 연습을 해 봅니다. 친구가 때려도 어떤 말도 못하는 아이가 "때리지 마. 때리는 건 나쁜 행동이야."라고 자신 있게 말할 수 있도록 연습해 봅니다. 그리고 아이가 적절히 자신의 의사를 표현했을 때 칭찬과 격려를 통해 그 행동을 강화해 주어야 합니다.

심리학자 토마스 고든(Thomas Gordon)이 개발한 '나' 전달법 (I-message)은 효과적인 의사소통 기술로 널리 인정받고 있습니다. 이 방법은 자신의 감정과 생각을 비난 없이 표현하는 방법으로, 아이들의 자기 표현력 향상에 도움이 됩니다. 내가 상대방의 행동에 대해 느낀 감정이나 생각을 나를 주어로 표현하는 것입니다. "나는 ~할 때 ~라고 느껴", "네가 ~해 주면 좋겠어."와 같은 '나' 전달법을 사용하여 자신 있게 스스로를 표현할 수 있는 방법을 알려주는 것이 좋습니다. 다음은 나 전달법을 사용한 예시입니다.

"엄마가 책을 안 읽어줘서 슬퍼. 앞으로는 엄마가 나랑 잘 놀아줬으면 좋겠어."

내면이 단단한 아이는 자신의 의견도 잘 말합니다. 자아가 견고하고 단단해질 수 있도록 부모가 아이의 내면의 힘을 길러 주는 것이 중요합니다. 내면의 힘은 사랑과 격려, 지지의 말을 통해 강해집니다. 아래의 말을 참고하면서 아이의 내면의 힘을 길러주세요.

"과학 시간 힘들었을 텐데, 어떻게 참았어?"
"친구를 소중하게 생각하는 네 마음이 참 예뻐."
"꽃에 매일 물 주고, 넌 생명을 소중하게 여기는 따뜻한 아이야."

아이의 표현력을 길러주는 과정에서 아이는 시행착오를 겪으며 서툰 표현을 할 때가 많습니다. 그럴 때 아이를 비난하거나 무시하지 않아야 합니다. 부모는 충분한 시간과 인내심을 가지고 아이가 스스로 표현할 수 있도록 기다려 주어야 합니다. 그리고 아이의 감정과 생각이 터무니없다고 느껴져도 아이의 감정과 생각을 존중하는 태도를 유지해야 합니다.

자신의 의견을 표현할 줄 아는 아이는 살아가면서 많은 기회를 얻게 되고 그 기회 속에서 현명한 선택을 할 수 있습니다. 부모가 아이에게 줄 수 있는 값진 선물은 자신의 의견을 제대로 표현할 수 있는 아이로 성장할 수 있도록 긍정적인 모델이 되어 주는 것입니다.

책임감의 꽃 피우기

핑계 대는 아이를
자신감 넘치는 아이로

부모 : (걱정스러운 목소리로) 동화책이 다 찢어져 있구나.

아이 : (겁먹은 표정으로) 나 안 그랬어요….

부모 : 어제 엄마가 봤을 때, 너가 책을 던지고 구기는 걸 봤어.

　　　 기억나?

아이 : (고개를 숙이며) 그거… 누나가 그랬어요.

부모 : 자꾸 거짓말 할래?

아이가 잘못을 저질렀을 때, 우리는 아이가 즉시 잘못을 인정
하기를 바랍니다. 하지만 현실은 그렇지 않습니다. 대부분의 아
이들은 자신의 잘못을 인정하지 않고, 다양한 핑계로 그 행동을

　　　　　　　　　　　　　　예민한 아이 묵하는 엄마

정당화하거나 부인하려 합니다. 이러한 행동은 단순히 아이의 고집이나 나쁜 성격 때문이 아닙니다. 오히려 이는 아이가 자신의 욕구나 감정을 적절히 표현하지 못하고, 부적응적인 방식으로 대처하고 있음을 보여주는 신호입니다.

예를 들어 아이가 갖고 싶어 하는 장난감을 부모가 사주지 않겠다고 하면 어떻게 될까요? 아이는 불안과 좌절감을 느끼게 됩니다. 이때 아이는 자신의 요구를 정당화하거나 상황을 바꾸기 위해 핑계를 대기 시작합니다. "민수는 다 하는데… 나만 안 돼?"라거나 "엄마, 지난번엔 해도 된다고 했잖아."와 같은 말을 하게 되는 것입니다.

하지만 이러한 핑계가 통하지 않는다는 것을 깨달은 아이는 더 큰 좌절감을 느끼게 되고, 그 결과 감정이 격해지기 시작합니다. 핑계 대기가 실패하고 감정이 조절되지 않으면, 아이는 울거나 소리를 지르거나 바닥에 눕는 등의 떼쓰기 행동을 바깥으로 표출합니다.

이 과정에서 우리가 주목해야 할 점은, 아이의 이러한 행동이 단순한 고집이나 나쁜 성격의 결과가 아니라는 것입니다. 이는 아이가 자신의 욕구를 표현하고 충족시키려는 시도라고 볼 수 있습니다. 보울비(Bowlby)의 애착 이론에 따르면, 이러한 행동은 아이가 부모와 안전한 관계를 유지하려는 노력의 일환으로 이해할 수 있습니다.

아이가 잘못을 했을 때 핑계를 대는 이유는 무엇일까요? 가장 큰 이유는 아이들이 부모에게 혼이 날까 봐 두려워하기 때문입니다. 아이가 책을 찢거나 그릇을 깨는 등의 행동을 했을 때, 부모는 속상한 마음에 아이에게 화를 내게 됩니다. 어떤 부모는 자신도 모르게 아이가 잘못한 행동을 아이의 성격이나 인격의 문제로 바라보기도 합니다. 예를 들어 동화책을 찢은 아이에게 "너는 매사에 왜 이리 공격적이니?"라고 말하며 아이의 성격의 문제인 양 꾸중을 하는 것입니다.

이렇게 혼이 난 아이는 '나쁜 아이', '엄마가 안 좋아하는 아이'와 같이 부정적인 자아상을 가지게 되고, 심리적으로 위축됩니다. 그러면서 아이는 '내가 잘못하면 큰일나겠다!', '엄마아빠한테 들키면 안 돼! 숨겨야지!'라고 생각하게 됩니다. 특히 아이가 내향적인 성향일 경우 외향적인 아이보다 혼나는 것에 대한 두려움은 더 커집니다.

"내가 잘못했어요."라고 부모에게 말하면 '나쁜 아이'가 될 것 같고, 그러면 부모의 화내는 모습이 떠올라 잘못을 인정하지 않고 회피하게 되는 것입니다. 아이가 잘못했을 때 부모가 아이에게 크게 혼을 낸다면 아이는 자신의 잘못을 숨기게 됩니다. 핑계를 대는 행동은 상처를 받는 것을 막기 위해 스스로를 보호하는 일종의 방어기제로 볼 수 있습니다. 떼쓰기 역시 비슷한 맥락에서 부정적인 감정이나 상황을 회피하려는 시도로 이해할 수 있습니다.

아이가 핑계를 대는 것은 스스로 잘못한 것을 알고 부끄러움이나 수치심을 느끼기 때문입니다. 아이의 인지 능력은 아직 완전히 발달된 상태가 아니기 때문에 핑계를 대는 말이 논리적이지 않는다는 것을 스스로 알지 못합니다. 아이는 남을 속일 수 있을 정도로 인지 능력이 발달하지 않았고 부정적인 감정에 능숙하게 대처하는 방법을 알지 못합니다. 그래서 피하고 싶은 상황을 빨리 벗어나기 위해 핑계를 대는 겁니다.

그렇기 때문에 아이가 핑계를 대는 말을 할지라도 지나치게 아이에게 화를 내는 것은 옳지 않습니다. 대신 평소에 아이의 긍정적인 행동을 인정하고 칭찬하는 것이 중요합니다. 예를 들어 아이가 정리 정돈을 잘한다면 "우와, 우리 아가 장난감 정리 정말 잘했네! 방이 반짝반짝해졌어!"라고 칭찬해 주세요. 노래를 잘 부른다면 "목소리가 참 예쁘다! 노래도 박자에 딱 맞게 부르는구나!"라고 칭찬해 주세요. 꽃에 물을 주는 행동, 쓰레기를 줍는 행동과 같은 사소한 행동이라도 칭찬과 인정의 말을 해주는 것이 좋습니다.

아이가 실수를 하면 "괜찮아! 엄마도 실수할 때가 있어. 다음엔 조심하면 되는 거야."라고 말해 주세요. 부모가 어렸을 때 실수했던 경험을 들려주면서 아이가 "다른 사람들도 실수할 수 있구나! 나만 그런 게 아니네!"라고 깨달을 수 있도록 도와주세요. 그러면 아이는 잘못을 해도 스스로를 이해하고 수용할 수 있는 긍정적인 아이로 자랄 수 있습니다.

또한 아이가 핑계를 대는 또 다른 경우는 지나친 사랑으로 인해 잘못을 지적받지 않고 모두 받아들여졌을 때입니다. 특히 조부모가 아이를 양육하는 경우 애지중지하며 훈육을 하지 않는 경우가 많습니다. 아이가 잘못한 행동에 대해 지적하지 않으면, 아이는 자신의 잘못을 인정하지 않고 남 탓을 하거나 핑계를 대게 됩니다.

이러한 경우 아이에 대한 애정은 표현하되, 아이의 잘못은 정확히 알려주어야 합니다. 아이가 놀이터에서 친구 물건을 빼앗고 친구를 밀쳐도 아이의 잘못을 지적해 주기는커녕, 부모가 친구 탓만 한다면 아이는 어떻게 자랄까요? 아이의 행동에 한계를 두지 않으면 아이가 성장한 후에도 사회생활을 원만히 할 수 없습니다. 집에서는 모든 것이 허용되지만, 사회에서는 마음대로 행동할 수 없기 때문에 아이가 혼란스럽고 활동에 적응하기 어려울 수 있습니다.

아이가 자신의 잘못을
인정하지 않을 때

부모에 대해 반항심이 큰 아이는 핑계를 대고 자신의 잘못을 인정하지 않는 경우가 있습니다. 아이가 반항심을 갖게 되는 대표적인 경우는 다음과 같습니다.

첫째, 부모가 아이의 모든 행동을 통제하거나 지나치게 간섭할 때, 아이는 자율성을 침해받았다고 느껴 반항심을 키울 수 있습니다. 이는 데시(Deci)와 라이언(Ryan)의 자기 결정 이론과 일치하는데, 자율성의 욕구가 좌절될 때 부적응적 행동이 나타날 수 있다고 합니다.

둘째, 부모의 기분이나 상황에 따라 규칙이나 대응이 자주 바뀌면, 아이는 혼란을 느끼고 반항심을 가질 수 있습니다. 바움린드(Baumrind)의 연구에서는 일관된 양육 스타일의 중요성이 강조되었습니다.

셋째, 부모가 아이에게 지나치게 높은 기대를 가지고 계속해서 압박을 가할 때, 아이는 스트레스와 불안을 느끼며 이에 대한 반작용으로 반항심을 키울 수 있습니다.

또한 부모의 과도한 완벽주의, 일방적인 의사소통, 다른 아이들과 비교나 형제 간 비교는 아이의 자존감을 낮추고 반항심을 키울 수 있습니다. 아이의 감정을 무시하거나 "울지 마", "화내지 마" 등으로 감정 표현을 억압할 때도 아이는 자신의 감정이 존중받지 못한다고 느껴 반항심을 가질 수 있습니다.

부모가 아이에게 비아냥거리거나 사기를 떨어뜨리는 말을 할 경우에도 아이는 의욕이 떨어지고 반항하는 태도를 보일 수 있습니다. 이러한 요인들은 개별적으로 작용할 수도 있지만, 대부분 복합적으로 작용하여 아이의 반항심을 키우게 됩니다. 미국의 임상 심리학자 패터슨(Patterson)의 강압적 가족 모델에 따르면, 이러한 부정적 상호작용이 반복되면서 아이의 반항적 행동이 강화될 수 있습니다.

따라서 부모는 이러한 요인들을 인식하고, 아이와의 긍정적인 상호작용을 통해 신뢰 관계를 구축하는 것이 중요합니다. 아이의 감정을 존중하고, 적절한 자율성을 부여하며, 일관된 양육 태도를 유지하는 것이 아이의 건강한 정서 발달과 협조적인 태도 형성에 도움이 될 수 있습니다.

핑계를 대는 아이의 경우 아이의 마음을 유심히 살펴보아야 합니다. 아이의 마음을 살펴보기 위해서는 먼저 아이와 열린 마음으로 대화를 시도해 보아야 합니다. 다음은 아이의 마음을 열 수 있는 질문입니다. 참고하여 연습해 보세요.

"미안해! 엄마가 네 마음을 잘 알아채지 못했나 봐. 앞으로 더 잘 들어줄게."

"요즘 기분이 어때? 재미있는 일 있었어?"

"뭔가 속상해 보이는데⋯ 엄마한테 말해줄 수 있어? 엄마가 잘 들어줄게."

"엄마한테 하고 싶은 말 있어? 엄마가 뭐 해주면 좋을까?"

위에서 말씀드린 것처럼 아이의 마음을 열 수 있는 대화를 하면서 아이를 사랑하고 있음을 따뜻한 눈빛, 말, 스킨십으로 표현해 주세요. 아이는 부모가 자신에게 관심을 기울이는 것을 쉽게 알아차립니다. 아이와 열린 대화를 나누다 보면 아이가 상처받은 일이 분명히 존재할 것입니다. 아이가 어떤 지점에서 욱하며 표정이 어두워지는지 세심하게 관찰해 보세요. 감정의 변화가 나타나는 바로 그 지점에서 아이가 스트레스를 받고 있을 가능성이 큽니다.

아이는 해결되지 않은 감정과 욕구로 인해서 수시로 부모에게 반항하는 마음이 올라 온 것일 수 있습니다. 아이에게 미해결된 감정과 욕구가 내면에 존재하면 부모가 좋은 의도로 한 말일지라도 아이는 '나를 미워하는 거야.'와 같은 부정적인 생각에만 몰두하게 됩니다.

아이와 부모가 열린 대화를 하면서 관계가 형성된 후에는 다음의 3단계를 거쳐 아이와 갈등을 겪는 부분을 해결할 수 있습니다.

1단계 : 아이의 감정과 욕구를 인정하기

2단계 : 아이의 행동에 제한을 설정하기

3단계 : 수용 가능한 대안을 목표로 제시하기

엄마 : (놀라며) 어머, 동화책이 찢어졌네?

아이 : (눈을 피하며) 원래 조금 찢어져 있었어요….

엄마 : (차분하게) 음, 네 표정을 보니 화가 많이 난 것 같아 보이
　　　는구나. (감정, 욕구 인정하기)

아이 : (씩씩대며) ….

엄마 : 하지만 동화책을 찢으면 안 돼. (제한하기) 대신에 엄마가
　　　좋은 방법을 알려줄게. 뭔가 찢고 싶은 마음이 들 때는 이
　　　신문지를 찢어보는 건 어때? (수용 가능한 대안을 목표로
　　　제시하기)

엄마 : (걱정스럽게) 어? 친구 블록이 다 망가졌네?

아이 : (울먹이며) 친구가 내 블록 먼저 빼앗았어요….

엄마 : (이해하는 눈빛으로) 아, 블록 가지고 놀고 싶었는데 친구
　　　가 자꾸 가져가서 속상했구나. (감정, 욕구 인정하기)

　　　　　　　　　　　　　예민한 아이 욱하는 엄마

아이 : (눈물을 글썽이며) 네… 화나요.

엄마 : (아이를 안아주며) 엄마도 네 마음 이해해. 화나는 건 당
연해. 하지만 친구가 쌓은 블록을 무너뜨리면 안 돼. (제한
하기) 그 대신에 여기 빈 곳에서 새로운 블록을 쌓아보는
건 어떨까? (수용 가능한 대안을 목표로 제시하기)

아이 : (눈물을 닦으며) 그럴까요?

엄마 : (따뜻하게 미소 지으며) 그래, 얼마나 멋진 블록을 쌓는지
엄마가 구경해도 될까?

부모가 아이의 행동을 무조건 수용하는 것은 바람직한 행동이
아닙니다. 아이의 잘못된 행동에는 제한을 두는 위와 같은 대화
법을 활용하면 아이는 올바르게 자랄 수 있습니다. 위의 대화처
럼 부모는 먼저, 아이의 욕구와 감정을 인정해 주어야 합니다. 아
이는 자신의 욕구와 감정을 이해받으면 부모에게 마음을 열게
됩니다.

그 뒤에 부모가 아이의 잘못된 행동에 대해 정확히 알려주어야
합니다. 즉, 하지 않아야 되는 행동에 대해 구체적으로 말해 주는
겁니다. 하지만 아이에게 하지 말아야 할 행동만 알려주면 아이
는 앞으로 어떻게 행동을 해야 할지 난감해할 수 있습니다. 그러
므로 마지막으로 허용 가능한 행동을 제시해 줍니다. 허용 가능

한 행동을 정할 때는 부모와 아이가 함께 결정하면 아이가 그 내
용을 편하게 받아들일 수 있습니다.

예민한 아이 욱하는 엄마

긍정의 씨앗 심기

"안 돼"를 "할 수 있어"로 바꾸는
신기한 마법

심리학자 낸시 아이젠버그(Nancy Eisenberg)와 그의 동료들의 연구에 따르면, 부정적 정서성이 높은 아이들은 자기 조절 능력이 낮고, 이는 떼쓰기와 같은 더 많은 외현화 문제 행동으로 이어질 수 있다고 합니다. 이러한 행동에 부모나 주변 사람들은 짜증을 내거나 화를 내는 등 부정적으로 반응하게 됩니다. 이러한 반응은 아이에게 "나는 나쁜 아이야!", "나는 못난 아이야!"와 같이 부정적인 자기 인식을 강화하는 악순환으로 이어질 수 있습니다. 이 순환을 깨기 위해서는 부모와 아이의 인식 변화와 노력이 필요합니다.

부정적인 아이들은 효과적인 대처 전략을 배우지 못해 스트레스 상황에서 고집을 피우며 떼를 쓰는 행동을 보일 수 있습니다. 예를 들어 아이가 부모에게 원하는 장난감을 사달라고 했는데 거절당하거나, 아쿠아리움에 가고 싶은데 부모가 데려가 주지 않을 때 아이는 좌절감을 느낍니다. 이때 아이는 부모에게 자신의 의사를 바람직한 방법으로 표현하지 않고 울면서 떼를 써서 자신의 욕구를 충족하려 합니다.

반면에 긍정적인 아이들은 어려운 상황에서도 "나는 이겨 낼 수 있을 거야. 어떻게 하면 이 일이 해결될 수 있을까?"라고 생각하며 낙관적인 태도를 보입니다. 이러한 긍정적인 사고는 아이들이 더 좋은 기회를 얻고 성공할 가능성을 높입니다.

부정적인 아이는 '매번', '항상', '절대', '모두', '아무도'라는 표현을 자주 사용합니다. 항상 실수가 반복되고 나에게 부정적인 일이 매번 일어난다고 생각하는 것입니다. 어쩌다가 한 번 생긴 일을 '항상', '매번' 일어나는 것으로 상황을 지나치게 일반화합니다. 엄마가 어쩌다 한 번 화를 낸 것을 '엄마는 매번 화를 내!'라고 생각하는 것처럼 말입니다. 이러한 인지적 왜곡은 일상적인 상황에서도 아이에게 과도한 스트레스와 불안을 유발할 수 있습니다. 그리고 관계와 태도에도 부정적인 영향을 줍니다.

긍정적인 아이는 '이번에 못했지만, 다음에는 잘 할 거야!'와 같이 희망적인 생각과 태도를 보입니다. 친구가 놀아주지 않는 상

예민한 아이 육하는 엄마

황에서 부정적인 표현의 말과 긍정적인 표현의 말을 살펴보겠습니다.

　- 부정적인 말
"친구가 나랑 안 놀아."
"친구들이 다 나를 안 좋아해."
"아무도 나랑 안 놀아줘."

　- 긍정적인 말
"친구가 나랑 안 놀아서 슬퍼. 그래도 내일은 친구랑 놀 수 있을 거야!"
"친구가 바빴나 봐. 내일은 친구랑 놀이터에서 그네 타고 놀 거야!"

　부정적인 아이는 친구가 없는 것에 대해서 부정적으로 해석하기 때문에 부정적인 기분을 느낍니다. 부모가 아이가 부정적으로 사건을 왜곡해서 해석하는 부분을 긍정적인 시각으로 바라볼 수 있도록 도와주면 아이는 세상을 희망적으로 바라볼 수 있습니다. 아래와 같이 부모가 말해 주면 아이는 긍정적인 아이로 변화할 거예요.

"친구가 너를 싫어하는 게 아니야. 오늘은 다른 일이 있어서 같이 못 논 것 같아."

"친구가 너를 싫어한다고 생각하는 이유가 뭐야?"

"친구가 너를 좋아한다고 생각하는 이유는 뭐야?"

부정적인 아이는 심리적으로 불안도가 높습니다. 어떤 상황에서 실제보다 과하게 위험하다고 생각하고 자신의 능력을 과소평가하기 때문에 불안이 높아지는 것입니다. 예를 들어 자전거를 처음 배울 때 부정적인 아이는 "자전거 타다 넘어지면 다리가 아야 하고 병원 가야 해요. 무서워요!"와 같이 실제보다 과하게 위험하게 생각합니다. 이러한 인지 왜곡은 일상적인 상황에서도 아이에게 과도한 스트레스와 불안을 유발할 수 있습니다.

또 부정적인 아이는 "킥보드는 너무 빨라요. 나 못 타요. 무서워서 못해요."라고 자신의 능력을 과소평가합니다. 새로운 놀이기구를 타기 전에 "난 못 할 거야."라고 미리 포기하거나, 그림을 그릴 때 자신의 능력을 과소평가하고 시도조차 하지 않습니다.

이 두 요소가 결합되면, 불안한 아이는 위협적으로 인식된 상황에 대해 자신이 적절히 대응할 수 없다고 믿게 됩니다. 이는 불안을 더욱 강화시키는 악순환을 만들어 냅니다.

성격심리학과 발달심리학 분야에서 잘 알려진 심리학자 도넬런(Donnellan)과 그의 동료들의 연구에 따르면, 낮은 자아 존중감은 부정적 사고와 문제 행동 사이의 중요한 연결 고리가 된다고 합니다. 자신을 가치 있게 여기지 않는 아이들은 자신의 능력을 의심하고, 실패를 두려워하며, 타인의 평가에 과도하게 민감해질 수 있습니다. 이로 인해 부정적인 사고 패턴이 형성되고, 스트레스 상황에서 떼쓰기와 같은 부적응적 행동으로 이어질 수 있습니다. 이 연구는 자아 존중감 향상이 부정적 사고와 문제 행동 감소에 중요한 역할을 할 수 있음을 시사합니다.

아이들에게 긍정적인 사고를 키우기 위해서는 부모의 역할이 중요합니다. 부정적인 아이에게 다음과 같은 희망적인 말들을 종종 들려주면 아이의 불안은 조금씩 줄어들 겁니다. 이러한 용기를 주는 긍정적인 말들은 아이가 곤경에 처했을 때 고난을 이겨낼 수 있는 큰 힘이 됩니다.

"괜찮아, 큰일 아니야."

"새로운 거 하는 게 무서울 수 있어. 하지만 천천히 해보면 생각보다 재미있을 거야."

"한 번 더 해볼까? 이번엔 잘 할 수 있을 거야."

"우리 아가가 잘 할 수 있다고 엄마는 믿어."

"와, 정말 잘하고 있어!"

"우리 아가는 할 수 있는 힘이 있어."

"엄마는 우리 아가를 항상 믿어."

심리치료사 에이미 모린(Amy Morin)은 긍정적 태도를 기르는 것이 아이의 '마음의 근육'을 강화하는 것과 같다고 설명합니다. 이는 회복 탄력성(Resilience) 개념과 연결되며, 긍정적 사고가 스트레스와 역경을 극복하는 능력을 향상시킬 수 있음을 시사합니다. 좋지 않은 일이 일어날 것이라 생각하면 마음이 불안하고 초조해집니다. 반면에 좋은 일이 일어날 것이라 생각하면 삶이 즐겁고 행복해집니다. 긍정적으로 생각하는 사람은 자신의 능력을 믿고 노력하며 어둠 속에서 희망을 잃지 않습니다. 그래서 마음 근육이 단단해지며 실패를 이겨내고 다시 우뚝 일어서는 힘, 즉 회복 탄력성이 커지게 됩니다.

아이들의 마음속에 긍정의 씨앗을 심는 일은 그들의 미래를 밝히는 등불을 켜는 것과 같습니다. 이 작은 씨앗은 시간이 지나며 강인한 나무로 자라나, 아이들의 정서적 건강을 지키고 성공의 열매를 맺게 할 것입니다. 부모는 사랑과 인내로 이 나무를 돌보는 정원사가 되어야 합니다. 따뜻한 말 한마디, 격려의 눈빛 하나하나가 아이들의 마음에 희망의 빛을 비추고, 긍정의 힘을 키우는 양분이 됩니다.

예민한 아이 욱하는 엄마

포기하지 않는 아이로

끈기 있는 아이로
자라게 하는 말

"아이가 쉽게 포기해요. 끈기가 부족한 것 같아 걱정이에요."

이런 말씀을 주변에서 자주 듣습니다. 아이가 끈기가 부족하다고 느껴지면, 부모님들은 당연히 걱정이 될 수밖에 없습니다. 끈기가 부족한 아이들은 주어진 과제를 끝까지 마치지 못하는 경우가 많습니다. 이는 장기적인 목표를 위해 인내하는 능력, 즉 지연된 만족에 대한 인내력이 낮음을 의미합니다. 자기 조절력이 부족한 아이는 즉각적인 욕구 충족을 원하여 떼를 쓰고 쉽게 포기하는 경향이 강합니다.

월터 미셸의 유명한 '마시멜로 실험'은 어린 시절의 자기 통제력이 미래의 성공과 관련이 있다고 말합니다. 이 실험은 즉각적인 만족을 참을 수 있는 아이들이 나중에 더 나은 학업 성취도와 사회적 능력을 보였다는 것을 발견했습니다. 또한 미국의 심리학자 앤젤라 덕워스(Angela Duckworth)가 제시한 '그릿(Grit)' 개념도 주목할 만합니다. 이는 장기적 목표를 향한 열정과 끈기가 성공을 예측하는 주요 요인임을 보여줍니다.

그렇다면 우리는 어떻게 아이의 끈기를 키울 수 있을까요? 비고츠키(Vygotsky)의 근접발달영역(Zone of Proximal Development) 이론은 아동의 학습과 발달에 중요한 통찰을 제공합니다. 이 이론에 따르면, 아이의 발달에는 두 가지 수준이 있습니다. 현재 발달 수준과 잠재적 발달 수준입니다. 근접발달영역은 이 두 수준 사이의 간격을 의미합니다.

아이의 끈기를 효과적으로 키우기 위해서는, 이 근접발달영역 내에서 과제를 제공하는 것이 중요합니다. 즉, 아이가 혼자서는 해결하기 어렵지만, 성인이나 더 유능한 또래의 도움을 받으면 해결할 수 있는 수준의 과제를 제시해야 합니다. 이러한 과제는 아이에게 적당한 도전이 되며, 동시에 성취 가능한 목표를 제공합니다.

예를 들어 10피스 퍼즐을 쉽게 맞추는 아이에게 20피스 퍼즐을 주되, 필요할 때 힌트를 주는 것입니다. 이렇게 하면 아이는 새로운 기술을 배우고, 자신의 한계를 조금씩 넓혀 갈 수 있습니다. 처음에는 많은 도움을 제공하다가, 아이의 능력이 향상됨에 따라 점진적으로 도움을 줄여나가는 것이 좋습니다.

근접발달영역 내에서의 학습은 아이에게 적절한 도전을 제공하여 동기를 부여하고, 성공 경험을 통해 자신감을 키우며, 궁극적으로 끈기를 발달시키는 데 도움이 됩니다. 이는 단순히 쉬운 과제나 너무 어려운 과제를 반복적으로 제공하는 것보다 효과적입니다.

이런 과정을 통해 아이는 "난 잘할 수 있어"라는 자기 효능감(self-efficacy)을 키우게 됩니다. 복잡한 과제도 작은 과제들이 모여 만들어진다는 걸 기억하세요. 레고 놀이동산을 만들 때 그네, 미끄럼틀, 회전의자를 하나씩 만들다 보면 멋진 놀이동산이 완성되는 것과 같습니다.

아이가 무언가를 완성했을 때 칭찬해 주세요. 이는 아이에게 더 어려운 과제에 도전할 용기를 줍니다. 오랫동안 꾸준히 노력하는 건 결코 쉽지 않습니다. 아이가 인내하며 완성한 것이 부모 입장에서도 자랑스러울 것입니다. 과제를 완성했을 때 다음과 같은 말로 아이에게 칭찬해 주세요.

"와, 그네와 미끄럼틀, 회전의자까지! 정말 어려웠을 텐데 끝까지 해냈구나. 네가 만든 놀이터가 정말 멋져 보여!"

"우와! 놀이동산을 다 만들었네! 정말 멋지다!"

"예쁜 색깔로 사각형 블록을 만들었구나! 혼자서 열심히 했네!
정말 잘했어!"

"복잡한 레고 작품을 차근차근 만들었네. 너 정말 열심히 했구
나! 대단해!"

부모의 칭찬은 아이가 '내가 열심히 해서 이렇게 멋진 걸 만들
었어요!'라는 자부심을 갖게 합니다.

조금씩 어려운 과제를 제시하자

쉬운 과제는 아이가 힘들이지 않고 할 수 있지만 어려운 과제
는 인내와 집중력이 더 많이 필요합니다. 그래서 아이의 끈기를
기르기 위해서는 조금씩 어려운 과제에 도전하는 것이 도움이
됩니다.

아이에 따라 쉬운 과제는 지루해하고 복잡한 과제에 흥미를 느
끼는 경우도 있습니다. 이런 경우 목표를 아이와 함께 정하여 미
리 알려주면 아이가 과제에 흥미롭게 임할 수 있습니다. 아이가

정한 목표이기에 더 흥미진진하고 도전하고 싶은 마음이 들 겁니다. 아래와 같이 아이가 과제를 해결해 나갈 수 있도록 도울 수 있습니다.

"블록으로 집을 다 만들면 솜사탕 먹으러 갈까?"
"모래시계의 모래가 다 떨어질 때까지 종이비행기 만들어볼까?"
"오늘은 디폼블록으로 아기상어를 만들어보자. 어때?"

아이가 쉬운 과제는 잘 하다가도 과제의 양이 많아지면 엄청난 부담을 느끼는 경우가 있습니다. 이런 부담감으로 인해 아이는 아예 과제에 손을 놓기도 합니다. 이럴 때는 어떻게 해야 할까요?

이런 상황에서는 부모가 과제의 양을 작게 쪼개서 조금씩 할 수 있도록 도와주는 것이 좋습니다. 아이가 부담감을 느끼지 않도록 하는 것이 중요합니다. 예를 들어 수학 문제를 오늘 10문제 풀어야 한다면 한 문제씩 보여주면서 문제를 풀도록 하는 겁니다. 한 문제를 다 풀면 다음 문제를 제시하고요. 이렇게 조금씩 과제를 해결해 나가면서 아이는 부담감이 줄어들고, 작은 목표들이 달성되면서 큰 목표를 이루게 되는 것입니다.

아이가 쉽게 포기할 때 우리는 어떤 말을 들려주어야 할까요?

아이가 과제에 부담감을 느끼고 시도조차 하지 않을 때 부모는 마음이 답답할 수 있습니다. 하지만 이럴 때일수록 아이의 마음을 이해하고 격려하는 것이 중요합니다.

어려운 과제를 통해 끈기를 기르는 것도 중요하지만, 아이가 포기하지 않도록 방법을 알려 주는 것도 필요합니다. 아이가 두려워하는 일, 미숙한 일을 완벽하게 해내라고 한다면 아이의 마음은 어떨까요? 아이의 부담은 커지고 자신감을 잃게 될 것입니다.

그럴 때는 아이에게 과제를 완벽히 해낼 것을 요구하기보다는 할 수 있을 만큼의 정도를 제시해 주는 것이 좋습니다. 아이가 더 잘하길 바라면 아이 입장에서는 부담스럽고 불안해질 수 있습니다. 다음의 말을 참고하면서 아이가 끝까지 포기하지 않을 수 있도록 도와주세요.

"어휴, 아직 이것밖에 못했어? 정말 답답하다."

→ "많이 힘들지? 오늘은 여기까지 하고 쉬는 건 어떨까? 힘들면 엄마한테 말해줘."

"누나는 줄넘기를 100개 넘게 하는데, 너도 누나만큼은 해야 되지 않겠니?"

→ "줄넘기가 좀 어려울 수 있어. 조금만 해볼까? 할 수 있는 만

큼만 해보자."

이렇게 아이의 수준과 감정을 고려해서 말하면 아이는 부담감을 덜 느끼고 도전할 용기를 얻을 수 있습니다.

끈기를 키우는 건 하루아침에 되는 일이 아닙니다. 하지만 꾸준한 격려와 적절한 도전, 따뜻한 지지가 있다면, 우리 아이들도 충분히 해낼 수 있을 것입니다. 아이의 작은 성취에도 진심으로 기뻐해 주고, 실패했을 때도 그 과정에서 배운 점을 찾아내 칭찬해 주세요.

아름다움의 안경 씌우기

긍정적인 아이로
키우는 방법

"지안이는 혼자 옷도 입는다던데, 너는 왜 이 모양이니?"

이런 말, 한 번쯤은 해보았거나 들어보았을 것입니다. 하지만 이런 비교의 말은 아이에게 어떤 영향을 미칠까요?

아이들은 성장하면서 각기 다른 속도로 발달합니다. 부모님들은 종종 자녀를 또래와 비교하지만, 모든 면에서 또래와 같은 속도로 성장하는 아이는 거의 없습니다. 발달 속도가 느린 아이들은 종종 자신의 욕구나 감정을 효과적으로 표현하는 데 어려움을 겪을 수 있습니다. 또한 또래와의 비교로 인한 낮은 자존감이 부적절한 행동 표출의 원인이 될 수 있습니다.

발달이 또래에 비해 다소 느린 아이에게 "지안이는 혼자 옷도 입는다던데, 너는 왜 이 모양이니?"라며 다른 아이와 비교하는 것은 아이를 초조하게 만들고 기를 죽이는 행동입니다. 자녀를 다른 아이와 비교하게 되면 아이는 스스로 '못난 아이', '부족한 아이', '잘하는 것이 없는 아이'라 여기고 자신감을 잃게 됩니다.

아이에게 긍정적인 마음을 심어 주려면, 또래와 비교보다는 아이의 과거와 현재를 비교하여 칭찬이나 격려의 말을 해 주는 것이 좋습니다. 뛰어난 또래와 비교하면 아이는 위축됩니다. 그것보다는 아이가 스스로 해 낸 일들을 되돌아보며 자부심을 느끼게 하는 것이 아이의 성장에 긍정적인 영향을 미칩니다.

예를 들어 "지난달보다 혼자서 옷 입는 게 훨씬 빨라졌구나!"라고 말해줄 수 있습니다. 아이의 작은 성장에도 관심을 기울이고 다음과 같이 아이에게 칭찬해 주세요.

"에휴, 누나 줄넘기 실력 반만 따라가 봐라."

→ "작년보다 줄넘기 실력이 많이 늘었네! 엄마가 너무 기뻐."(과거와 현재 비교)

"형은 글씨를 아주 정성들여 쓰지. 너처럼 막 쓰진 않아!"

→ "요즘은 글씨를 또박또박 잘 쓰는구나! 엄마가 정말 자랑스

러워."(과거와 현재 비교)

"친구는 한글을 벌써 다 뗐는데, 너는 아직도 쓰기가 안 되니 답답하다."
→ "작년에 비해 한글 읽기가 많이 늘었네. 정말 대단해!"(과거와 현재 비교)

"친구는 킥보드도 잘 타는데, 너는 운동에는 소질이 없나 보다."
→ "킥보드 타는 모습이 한 달 전보다 훨씬 좋아졌어. 대단해!"(과거와 현재 비교)

"자전거 타다가 또 다쳤니? 에휴."
→ "가파른 길을 내려오는 것이 힘들었을 텐데. 정말 잘했어!"(결과보다는 과정에 초점)

"친구가 밀쳐서 넘어졌구나. 매일 주눅 들어 다니니 친구가 얕보는 거야."
→ "화가 많이 났을 텐데. 잘 참아줘서 고마워."(결과보다는 과정에 초점)

예민한 아이 욱하는 엄마

생명은 각기 다른 속도로 성장합니다. 성장이 느린 시기에는 부모님의 마음이 답답하고 애가 탈 수 있습니다. 그럴 때 아이에게 "빨리 하지 않고 뭐해?"와 같이 재촉하지 마십시오. "넌 말을 해 줘도 못 알아듣니?"와 같이 비난하지도 마십시오.

그저 아이를 따뜻한 시선으로 바라보고 인내심을 가지고 느긋하게 기다려 주세요. 아이가 조금씩 변화되는 모습이 보이면 그 부분에 집중하여 다음과 같이 격려해 주세요. 그러면 아이는 변화된 자신을 보고 하면 된다는 용기와 자신감을 가지게 됩니다.

"색칠 놀이하려고 하는구나. 재미있겠다!"
"색연필을 정리하려고 하는구나. 잘했어!"
"친구 때문에 속상했지? 그래도 참아 줘서 정말 고마워!"

가족여행을 가거나 유치원을 옮기는 등 생활에 변화가 생길 때, 아이들은 불안감을 느낄 수 있습니다. 이럴 때 부모들이 할 일은 아이가 이러한 변화를 즐겁게 받아들일 수 있도록 도와주는 것입니다.

다양한 경험을 해 본 아이들은 불안한 마음을 스스로 다스릴 줄 알게 되고, 낯선 환경에도 잘 적응하게 됩니다. 또한 어려운 상황이 닥쳤을 때 이를 이겨낼 용기와 힘도 갖게 됩니다. 이런

점에서 새로운 경험은 아이의 성장에 매우 중요한 역할을 한다고 볼 수 있습니다.

하지만 아이가 새로운 것에 도전하려는 행동을 무조건 수용해서는 안 됩니다. 아이가 할 수 있는 수준의 도전은 격려해 주되, 성인이 되어야 가능한 활동을 하려고 할 때는 적절히 제한을 두어야 합니다. 왜냐하면 반복된 실패 경험은 아이의 자존감을 떨어뜨릴 수 있기 때문입니다. 때로는 적절한 순간에 포기하는 것도 아이의 자존감을 지키는 현명한 방법이 될 수 있습니다.

아이의 잘못을 지적해야 한다면 이렇게

아이가 잘못한 점을 지적해야 할 때, 우리는 종종 부정적인 말만 하게 되는 경우가 있습니다. 하지만 이런 식의 대화는 아이로 하여금 '엄마가 나를 안 좋아하나 봐.', '에이, 또 잔소리야.', '으앙, 짜증나!'와 같은 부정적인 감정을 느끼게 만들어 좋은 관계를 유지하기 어렵게 만듭니다.

아이를 지적해야 할 때는 먼저 긍정적인 면을 칭찬하고, 그다음에 지적할 부분을 말해 주는 것이 좋습니다. 부정적인 말은 긍정적인 말과 함께 사용함으로써 그 효과가 중화됩니다. 마지막

예민한 아이 육하는 엄마

에는 다시 긍정적인 말로 마무리해 주세요.

예를 들어 "동생을 챙기는 모습이 참 예쁘더라. 다만 장난감을 던지는 건 위험할 수 있어. 앞으로는 조심히 다뤄주면 좋겠어. 잘할 수 있을 거라 믿어!"라고 말할 수 있습니다. 이렇게 하면 아이와 좋은 관계를 유지하면서도 필요한 지도를 할 수 있습니다. 이를 위해 다음과 같은 3단계 대화법을 활용해 보기 바랍니다.

<1단계 : 긍정적인 면을 칭찬하기 >

"신발을 잘 정리했구나! 정말 기특해."

<2단계 : 지적할 부분에 대해 말하기 >

"그런데, 장난감을 정리하지 않았구나. 장난감도 정리해 볼까? 엄마가 도와줄게. 우리 같이 해보자."

<3단계 : 긍정적인 말로 마무리하기 >

"엄마 말을 잘 들어줘서 고마워."

마지막으로 강조하고 싶은 것은 긍정적인 부모가 긍정적인 아이를 만든다는 점입니다. 자주 웃고 낙관적으로 생각하는 부모는 아이를 행복하게 만들고 긍정적인 아이로 성장하게 합니다.

아이와 함께 즐거운 활동을 하면서 행복한 일상을 보내시기 바랍니다. 놀이동산에서 아이와 놀이기구를 타거나, 비눗방울 잡기 놀이를 해보는 것은 어떨까요? 아이가 좋아하는 음식을 함께 만들어 보거나, 레고 블록으로 동물원이나 놀이터를 만들어 보는 것도 좋습니다. 퍼즐, 블록놀이, 보드게임, 술래잡기, 트램폴린 등 다양한 놀이를 함께 하는 것도 아이와의 관계를 돈독히 하는 좋은 방법입니다. 또한 아이가 좋아하는 책을 읽으며 함께 이야기를 나누는 시간을 가져보는 것도 추천합니다.

이렇게 아이와 함께하는 시간을 통해 우리 아이들이 더욱 행복하고 건강하게 자랄 수 있기를 바랍니다.

숨은 보물 찾기

아이의 행동 속
긍정적인 면 발견하기

우리는 종종 아이에게 어떻게 질문해야 할지 망설이게 됩니다. 그러다 보면 무의식중에 부정적인 질문을 하게 되는 경우가 많습니다. 예를 들어 타인과 비교하거나 비난하는 질문, 문제의 원인과 이유에만 초점을 맞추는 질문들이 이에 해당합니다.

하지만 이런 부정적인 질문들은 아이에게 좋지 않은 영향을 미칩니다. 아이는 스스로를 비난하고 질책하게 되며, 결과적으로 자존감이 낮아질 수 있습니다. 특히 다른 아이와 비교하는 질문은 부정적인 분위기를 만들고 관계에 나쁜 영향을 주기 때문에 피하는 것이 좋습니다.

<부정적인 질문>

"누가 그랬어?"(추궁)

"왜 장난감을 집어 던진 거야?"(비난)

"왜 싸운 거야?"(비난)

"민준이는 친구들이랑 잘 어울리는데, 너는 왜 이리 잘 어울리지 못하니?"(비교)

"비가 오는 것 알면서 왜 우산을 안 챙겨 온 거니?"(비난)

"넌 언제까지 엄마만 찾을 거니?"(죄책감)

"양치하라고 했잖아! 왜 엄마 말을 안 듣니?"(비난)

하버드대학교의 폴 그린(Paul Green) 교수와 동료들의 연구에 따르면, 부정적 평가는 개인을 위축시키고 성장을 방해한다고 합니다. 부정적인 질문도 마찬가지로 아이의 자존감을 떨어뜨리고, 긴장과 불안을 느끼게 만듭니다. 아이는 추궁당하는 느낌을 받고, 온갖 핑계와 변명으로 그 상황을 모면하기 바쁘게 됩니다.

아이의 자아 개념 형성에 부모의 말과 태도는 매우 중요한 영향을 미칩니다. 부모에게 부정적인 피드백을 받는 아이는 자신을 부정적으로 평가하고 낮은 자존감을 형성하게 됩니다. 이는 아이의 정서 조절 능력을 저하시켜 부적절한 행동으로 이어질 수 있습니다.

사회학습이론의 관점에서 보면, 아이들은 부모의 행동을 모델링합니다. 즉, 부모가 부정적인 언어를 자주 사용하면 아이 역시 이를 학습하여 자신의 감정과 욕구를 부정적으로 표현할 가능성이 높아집니다.

그렇다면 어떻게 해야 할까요? 아이가 긍정적인 태도를 갖게 하려면, 부모가 긍정적인 질문을 하고 긍정적인 의견을 말하는 것이 중요합니다. 긍정적인 질문은 문제 해결을 돕는 질문입니다. 예를 들어 "다음에는 어떻게 하면 더 잘할 수 있을까?", "친구와 더 잘 지내기 위해 무엇을 해볼 수 있을까?"와 같은 질문을 할 수 있습니다.

김상학과 그라지나 코찬스카(Grazyna Kochanska) 박사의 연구 (2012)는 부모-자녀 간 상호 호혜성이 아동의 자기 조절 능력 발달에 긍정적인 영향을 미친다는 것을 보여줍니다. 특히 까다로운 기질의 아이들에게 긍정적인 부모-자녀 관계가 더욱 중요하다고 합니다.

긍정적인 질문은 아이가 스스로 문제를 해결하는 방법을 생각해 보도록 유도합니다. 이는 아이의 사고력을 높이고 문제 해결력을 향상시킵니다. 또한 긍정적인 방향으로 생각할 수 있도록 돕고 회복 탄력성과 자존감을 높입니다.

시련이 찾아올 때 실패하는 사람은 '왜 나한테 이런 일이 생겼을까?', '왜 하필 나일까?'와 같이 스스로에게 부정적인 질문을 하며 매일 걱정을 합니다. 하지만 성공하는 사람들은 '이 일을 통해 내가 어떤 것을 배울 수 있을까?', '이 문제를 어떻게 하면 해결할 수 있을까?'와 같이 긍정적인 질문을 하면서 스스로 문제를 해결하는 방법을 찾기 위해 부단히 노력합니다.

그렇다면 어떻게 부정적인 질문을 긍정적인 질문으로 바꿀 수 있을까요? 몇 가지 예를 들어보겠습니다.

"누가 그랬어?"(추궁)
→ "친구랑 싸워서 기분이 안 좋아 보이네. 어떤 마음이 들었어?"(마음 읽기)
→ "많이 속상해 보여. 엄마한테 안겨 볼래?"(마음 읽기)

"왜 장난감을 집어 던진 거야?"(비난)
→ "화가 많이 났구나. 무슨 일 있었어?"(마음 읽기)

"왜 싸우고 다니니?"(비난)
→ "무슨 일이 있었는지 엄마에게 이야기해 줄래? 무엇 때문에 친구랑 싸우게 됐는지 궁금해."(원인 찾기)

"민준이는 친구들이랑 잘 어울리는데, 너는 왜 이리 잘 어울리지 못하니?"(비교)

→ "친구랑 재미있게 놀려면 어떻게 하면 좋을까? 우리 같이 생각해볼까?"(방법 찾기)

→ "친구를 도와주고 싶구나. 어떻게 도와주면 좋을까?"(방법 찾기)

"비가 오는 것 알면서 왜 우산을 안 챙겨 온 거니?"(비난)

→ "밖에 비가 많이 오네. 비 안 맞고 집에 가려면 어떻게 하면 좋을까?"(방법 찾기)

"넌 언제까지 엄마만 찾을 거니?"(죄책감)

→ "혼자서 하려면 어떻게 하면 될까? 한번 생각해 볼까?"(방법 찾기)

"양치하라고 했잖아! 왜 엄마 말을 안 듣니?"(비난)

→ "이제 잘 시간이에요. 자기 전에 잊은 거 없는지 한번 살펴볼까?"(생각하기)

긍정적인 질문은 아이의 마음을 이해하고, 문제 해결 능력을 키우며, 자존감을 높이는 데 도움이 됩니다.

<긍정적인 질문의 예시 >

"지금 기분이 어때? 엄마한테 말해 줄 수 있어?"

"이 일로 무엇을 배웠을까? 우리 함께 생각해 볼까?"

"무엇이 제일 어려웠어? 엄마한테 말해 줄래?"

"더 잘하고 싶은 게 뭐야? 엄마가 도와줄게."

"지금 무엇을 하고 싶어? 연지의 생각을 말해 줄래?"

"친구랑 왜 다퉜어? 무슨 일이 있었는지 말해 줄 수 있어?"

긍정적인 질문은 아이의 마음을 열어주는 열쇠와 같습니다. 그 열쇠로 아이의 내면에 숨겨진 지혜와 힘을 깨워 줍니다. 이렇게 피어난 아이의 감정과 생각은 마치 아름다운 정원처럼 자라나, 삶의 어려움을 헤쳐 나갈 수 있는 든든한 뿌리가 됩니다.

예민한 아이 욱하는 엄마

4장

아이의 자존감을
키우는 말들

진짜 원하는 걸 찾아서

아이의 깊은 욕구를
이해하는 대화법

　단체 생활을 하다 보면 아이가 친구가 먼저 가지고 놀던 장난감을 자기 것이라 우기며 빼앗는 경우가 있습니다. 유아기 아이들의 자기 중심적 특성은 발달 과정에서 자연스러운 현상이라는 점을 이해해야 합니다. 아이들은 모든 것이 자신의 것이라고 생각하며, 이는 자아 형성의 중요한 단계입니다. 예를 들어 아이가 슬프면 엄마도 슬플 것이라 생각하고, 자신이 좋아하는 장난감은 친구도 갖고 싶어 할 것이라 여깁니다. 이러한 자기 중심적 사고는 아이가 자신의 존재 가치를 확인하는 과정에서 나타나는 것입니다.

　심리학에서는 아이가 성장하면서 타인의 관점을 이해하게 되는 과정을 '시점 획득'이라고 합니다. 대부분의 아이들은 성장하면서 인지 능력이 높아지고 다양한 경험을 통해 자기 중심적인 성향에서 벗어나 타인과 상호작용합니다. 그러나 일부 아이들은 기질적으로 자신의 욕구를 더 중요하게 여겨 계속해서 자기 중심적인 행동을 보일 수 있습니다.

미영이가 장난감을 가지고 놀고 있는데, 아윤이가 나타나 미영이의 장난감을 빼앗으며 "이건 내 꺼야, 내 놔."라고 말하는 상황을 가정해 봅시다. 이때 미영이 엄마는 어떻게 대응해야 할까요? 많은 부모님들이 다음과 같은 말을 하곤 합니다.

"장난감 많이 가지고 놀았으니까, 친구에게 양보해 주자. 이제 저기 가서 그림 그리자."
"친구가 장난감 가지고 놀고 싶어 하니까, 우리는 다른 거 가지고 놀자."

하지만 이러한 대응은 아이의 욕구를 충분히 고려하지 않은 것입니다. "장난감 많이 가지고 놀았으니까"라는 말은 엄마의 생각일 뿐, 아이는 여전히 장난감을 가지고 놀고 싶을 수 있습니다. 또한 "친구가 장난감 가지고 놀고 싶어 하니까, 우리는 다른 거 가지고 놀자."라는 말은 친구의 욕구만을 중요하게 여기고 아이의 욕구는 무시하는 것입니다.

에인즈워스(Ainsworth) 박사의 '낯선 상황 절차(Strange Situation Procedure)' 연구는 부모의 반응성이 아이의 애착 유형과 밀접한 관련이 있음을 보여줍니다. 욕구에 대해 일관되고 민감하게 반응하는 부모의 아이들은 대체로 안정 애착을 형성하는 반면, 아이의 욕구에 둔감하거나 일관성 없이 반응하는 부모의 아이들은 불안정 애착을 형성할 가능성이 높습니다. 불안정 애착은 아이가 자신의 욕구를 효과적으로 표현하고 조절하는 능력을 발달시키는 데 방해가 될 수 있으며, 이는 부적응적 행동으로 이어질 수 있습니다.

그렇다면 어떻게 대응해야 할까요? 찰스 퍼니휴(Charles Ferny-hough)와 엘리자베스 마인스(Elizabeth Meins) 박사는 부모가 아이의 마음을 헤아려 주는 것의 중요성을 강조했습니다. 아이의 표정, 눈빛, 손짓, 몸짓을 관찰하며 아이의 감정과 욕구에 관심을 기울이는 것이 중요합니다. 이러한 행동은 안정 애착 형성뿐만 아니라 공감 능력, 소통 능력, 자기 조절 능력 발달에도 긍정적인 영향을 줍니다. 다음과 같은 방식으로 아이의 마음을 헤아려 주는 말을 해 볼 수 있습니다.

"장난감 가지고 잘 놀았어?"(욕구 파악)

"지금 뭐 하고 싶어?"(욕구 파악)

아이의 놀이 욕구가 충분히 해소되었는지 확인하기 위해서는 직접적인 질문이 필요합니다. "장난감 가지고 잘 놀았니? 그림 그리러 갈까?"라고 물어볼 수 있습니다. 만약 아이가 "아니요, 장난감을 더 가지고 놀고 싶어요."라고 대답한다면, 아이의 말에 공감해 주면서 스스로 행동을 결정할 수 있도록 다음과 같이 질문해 주세요.

"장난감 가지고 노는 게 재밌구나."(공감하기)
"얼마나 더 놀고 싶어?"(스스로 결정하기)

아이가 장난감을 더 가지고 놀고 싶어 할 때, "너 그러면 안 돼. 친구도 배려해 줘야지!"라고 말하는 것은 아이의 욕구를 무시하고 강요하는 말입니다. 이런 식의 대응은 아이의 불안감을 높이고, 장기적으로는 아이를 소극적이고 자존감이 낮은 성격으로 만들 수 있습니다.

아이가 10분 정도 더 놀겠다고 하면, 이를 존중해 주고 기다리는 친구에게 전달해 줍니다. 이렇게 함으로써 아이가 스스로 결정한 것에 대해 책임감을 가지고 행동할 수 있도록 도와줄 수 있습니다. 스스로 결정하고 자신의 행동에 책임을 지는 경험은 아이의 주도성을 키우고 자존감을 높이는 데 매우 중요합니다. 아이는 스스로 정한 10분 후에 이렇게 말할 수 있습니다.

"장난감 가지고 놀기 끝났어요. 이제 그림 그릴래요."(욕구 해소)

만약 아이가 계속해서 장난감을 양보하지 않으려 한다면, 과거를 돌아보며 아이의 욕구가 오랜 기간 무시되지 않았는지 살펴볼 필요가 있습니다. 심리학자 다니엘 시겔(Daniel Siegel)과 메리 하첼(Mary Hartzell) 박사의 연구(2003)에 따르면, 부모의 자기 인식은 아이와의 건강한 상호작용에 핵심적인 역할을 합니다. 부모가 자신의 감정과 욕구를 인식하고 조절할 수 있을 때, 아이의 감정과 욕구도 더 잘 이해하고 대응할 수 있게 됩니다.

아이의 마음속 깊은 곳에 숨겨진 작은 씨앗 같은 욕구를 살펴주고, 그 씨앗이 스스로 싹을 틔울 수 있게 도와주는 따뜻한 말 한마디는 아이의 영혼을 살찌우는 맑은 이슬이 됩니다. 우리가 뿌리는 사랑의 언어라는 씨앗이, 아이의 미래라는 숲을 만들어 냅니다.

독립심 키우기 프로젝트

자립심 강한 아이로 키우는
단계별 가이드

요즘 아이들은 행동 하나하나에 대해 부모에게 질문하는 경우가 많습니다.

"장난감 가지고 놀아도 돼요?"
"양치질 해도 돼요?"
"신발 신어도 돼요?"
"친구한테 과자 줘도 돼요?"

아이들이 부모에게 자주 질문하는 이유는 무엇일까요? 부모가 아이의 행동을 지나치게 통제하면, 아이는 자신의 의견을 자신감 있게 표현하거나 원하는 대로 행동하기 어려워질 수 있습니다. 이는 아이의 자율성 발달을 저해하는 요인이 됩니다.

우리의 부모 세대는 대체로 통제받는 환경에서 성장해 왔습니다. 아이가 무서운 일을 겪어 벌벌 떨어도 부모는 대수롭지 않다는 듯이 웃어넘기거나 "별일 아닌 걸로 무서워하지 마!"라며 아이의 감정을 무시하곤 했습니다. 장난감을 사고 싶어 하는 아이에게 "돈 없어! 안 돼!"라고 말했습니다. 이렇게 억압된 채 살아온 아이가 부모가 되어 자식에게 자신이 경험한 것과 같은 방식으로 아이를 훈육하는 경우가 많습니다. 통제하는 말은 아이의 말과 행동에 제한을 두기 때문에 아이와 편안한 대화를 할 수 없게 만듭니다. 그러다 보니 아이들은 수동적으로 행동하며 부모의 눈치를 살핍니다.

어린이집이나 유치원에 등원할 때 부모는 아이에게 해야 할 행동들을 하나하나 알려주고 직접 곁에서 도와주는 경우가 많습니다. 이는 아이의 행동이 서툴러서 기다려 주기보다는 부모가 직접 아이의 옷을 입혀주고 양치질을 해주는 것이 훨씬 빠르고 수월하기 때문입니다. 아이가 혼자 할 수 있도록 부모가 가만히 지켜보기보다는 아이를 직접 도와주는 것이 부모의 도리라고 생각합니다.

부모는 아이를 사랑하기 때문에 아이가 힘들어하는 것과 해가 될 법한 것들은 아이 곁에서 치워주고 싶은 마음일 겁니다. 이런 것이 바로 부모의 마음입니다. 아이의 손과 발이 되어주는 부모는 성장하면서 아이에게는 없어서는 안 될 존재가 되어 버립니다. 아이가 부모에게 의지하고 부모를 필요로 한다는 것에 부모는 한편으로 삶의 보람을 느끼기도 합니다.

하지만 이러한 행동은 장기적으로 아이의 자립심 발달을 저해할 수 있습니다. 부모가 모든 걸 알아서 해주는 아이는 앞으로 무엇을 해야 할지, 어떻게 해야 할지를 생각하지 않습니다. 아이가 생각하지 않아도 부모가 해결해 주기 때문에 부모에게 전적으로 의지하는 것입니다. 아이가 난처한 상황에 빠질 때마다 부모가 나서서 문제를 해결해 준다면 아이는 연약하고 의존적인 아이로 성장할 수밖에 없습니다. 아이가 부모에게 매우 의존한다면 부모가 아이의 행동에 너무 많이 관여하고 있지는 않은지 생각해 보아야 합니다.

아이의 안전을 위해 제재하고 따끔히 혼내기도 합니다. 하지만 그런 행동에 대해 아이와 깊이 대화해 보고 아이의 의사를 물어보는 과정도 필요합니다. 아이가 스스로 행동을 선택할 수 있는 기회를 주었는지 살펴보아야 합니다.

부모가 아이의 손과 발이 되어 줄 때 아이는 잠시 만족감을 얻을 수는 있습니다. 스스로 하지 않아도 되니까 지금 당장은 편합니다. 하지만 혼자서 문제를 해결해 본 적이 없는 아이는 자신감이 부족하고 자신을 무가치한 존재로 느끼게 됩니다. 부모가 스스로 해 보려는 아이의 행동에 참견하고 간섭하게 되면 아이는 화, 분노, 수치감 등의 복합적인 감정을 느낄 수 있습니다. 이러한 감정은 부모가 아이의 자율성 욕구를 좌절시킴으로 인해 나타나는 것입니다.

자기결정이론(Self-Determination Theory)을 제안한 라이언(Ryan)과 데시(Deci)에 따르면, 인간의 기본적인 심리적 욕구 중 하나는 자율성입니다. 부모가 모든 것을 해결해주는 환경에서 자란 아이는 이 자율성의 욕구가 충족되지 않을 수 있습니다. 결과적으로 아이는 자신의 능력에 대한 확신이 부족하고 독립적으로 행동하는 데 어려움을 겪을 수 있습니다.

드웩(Dweck)의 성장 마인드셋 이론(Growth Mindset Theory)은 이러한 상황과 밀접한 관련이 있습니다. 성장 마인드셋을 지닌 사람들은 자신의 능력과 지성이 지속적인 노력과 학습을 통해 발전 가능하다고 생각합니다. 반면 고정 마인드셋을 가진 사람들은 개인의 능력과 지능이 선천적으로 결정되어 변화하기 어렵다고 믿는 경향이 있습니다. 모든 것을 부모에게 의존하는 아이들은 고정 마인드셋을 발달시킬 가능성이 높아 도전을 피하고 실패를 두려워하게 됩니다. 이들은 스스로 문제를 해결할 기회가 적어 자신의 능력이 향상될 수 있음을 경험하지 못합니다. 실패로부터 보호받는 환경은 아이가 실패를 학습의 기회로 보지 못하게 합니다.

자립심을 키우려면 스스로 선택할 기회와 기다림이 중요하다

에릭슨(Erikson)의 심리사회적 발달단계이론에 따르면, 2~3세의 유아기는 자율성(Autonomy)이 발달하는 중요한 시기입니다. 이 시기의 아이들은 스스로 해 보겠다는 말을 많이 하며, 자신의 행동을 자유롭게 선택하고 결정하려는 자율성의 욕구를 가집니다. 부모의 과잉 보호와 통제로 인해 자율성의 욕구가 좌절되면, 아이는 자신감이 떨어지고 수치심을 느끼게 되며 의존적인 사람으로 성장할 수 있습니다. 이 시기에 자율성의 획득은 자립적이고 창조적인 사람으로 성장하는 토대가 되므로 아이의 자율성이 발달할 수 있는 기회를 주어야 합니다.

자립심이 강한 아이는 스스로 목표를 세우고, 그 목표를 이루기 위해 계획을 세워 실천합니다. 목표가 좌절되더라도 다시 일어나 해결 방법을 찾으려 노력하지요.

부모는 아이가 자립심이 강한 아이로 자라기를 바랍니다. 이를 위해서는 부모가 한 발짝 물러서서 아이를 지켜볼 수 있는 자제력이 필요합니다. 아이가 혼자 문제를 해결하려고 할 때, 바로 도와주거나 해결 방법을 알려주기보다는, 아이가 스스로 해결할 수 있도록 기다려 주는 것이 중요합니다.

아이가 고민을 털어놓을 때도 충고나 지시보다는 공감해 주세요. 실패하지 않도록 도와주려는 마음은 내려놓아야 합니다. 식판이 뒤집어지거나 방바닥에 장난감이 널려 있어도, 위급한 상황이 아니라면 인내하며 아이가 스스로 해결할 기회를 주세요. 아이는 이런 다양한 경험을 통해 문제 해결 방법을 터득합니다. 성장 마인드셋 이론을 적용하여, "이건 어려울 수 있지만, 네가 도전해 볼 만한 좋은 기회야."라고 말하며 아이의 도전을 응원해 주세요. 이는 아이가 어려움을 성장의 기회로 인식하도록 돕습니다.

부모는 아이가 성공 경험만 했으면 좋겠다고 생각하지만, 아이가 실패를 하면서 스스로 깨우치고 성취하는 즐거움을 맛볼 수 있도록 도와주어야 합니다. 긍정 심리학의 창시자 마틴 셀리그먼(Martin Seligman)의 연구에 따르면, 적절한 실패 경험은 아이의 회복 탄력성을 키우는 데 도움이 됩니다. "이번에 안 됐네. 어떻게 하면 다음에 더 잘할 수 있을까?"와 같이 말해주면서 실패를 배움의 기회로 바꿀 수 있습니다.

부유한 환경에서 태어나 어릴 적부터 남부러울 것 없이 공부도 잘하고 좋은 대학을 졸업하고 좋은 직장에 취직한 사람을 누구나 부러워합니다. 하지만 세상을 살다 보면 누구나 힘든 역경을 마주하게 됩니다. 실패 없이 편안히 성장하고 성취 경험만 해 본 사람은 작은 좌절에도 큰 충격을 받고 쉽게 무너집니다. 이는 실패와 좌절의 경험이 부족했기 때문이에요.

역경과 고난에도 다시 일어설 수 있는 힘은 회복 탄력성에서 나옵니다. 힘든 일을 겪으면서도 스스로 이겨낼 수 있다고 믿는 아이는 다시 일어설 수 있습니다. 회복 탄력성이 떨어지면 작은 역경에도 쓰러져 다시 일어날 생각조차 못합니다.

회복 탄력성을 키우기 위해서는 아이에게 다양한 경험을 할 기회를 주어야 합니다. 성공 경험뿐만 아니라 실패 경험도 필요합니다. 아이가 친구를 사귀지 못하거나, 숫자 계산에 실수하거나, 단추를 잠그지 못할 수도 있습니다. 아이는 이런 실패 경험을 통해 친구를 사귀는 방법을 배우고, 셈 연산을 제대로 익히며, 단추를 잠그는 연습을 반복하면서 소근육도 강화됩니다.

아이가 해보지 않은 새로운 일들을 부모가 대신해 준다면 아이는 실패를 통해 얻을 수 있는 귀중한 경험을 하지 못합니다. 물론 아이가 실패했을 때 부모님이 반드시 도와줘야 하는 상황도 있습니다. 예를 들어 아이가 계단을 오르다 미끄러져 위험해지거나,

신호등이 빨간불인데 건너려고 할 때처럼 긴급하고 생명에 위협이 되는 상황에서는 부모가 적극적으로 아이의 안전을 지켜야 합니다. 하지만 아이의 안전에 해가 되는 상황이 아니라면, 아이가 스스로 해결할 수 있도록 응원해 주고 격려해 주세요.

아이의 자립심을 키우기 위해서는 아이가 원하는 것을 선택할 기회를 주고, 직접 행동할 수 있도록 기다려 주는 것이 중요합니다. 아이가 서툴거나 제대로 행동하지 못할 때는 하나씩 방법을 설명해 주세요. 아이가 잘하지 못했다고 해서 충고하거나 야단치기보다는, 앞으로 잘할 수 있는 방법을 함께 생각해 보는 것이 자립적인 아이로 키우는 데 도움이 됩니다. 아이가 스스로 노력한 모습을 칭찬해 주세요. 다음은 자립적인 아이로 키우는 데 도움이 되는 말입니다. 소리 내어 읽어 보세요.

< 원하는 것을 선택할 수 있는 기회를 제공하기 >

"오늘은 빨간 옷에 빨간 신발을 신자."

→ "오늘은 어떤 옷을 입고 싶어?"

"블록놀이 먼저 하고 간식 먹어라."

→ "블록놀이 먼저 할래, 아니면 간식 먹을래?"

<직접 행동할 수 있도록 방법을 설명해 주기 >

"단추를 잘못 잠갔구나. 엄마가 잠가 줄게."

→ "거울 한번 볼까? 옷이 잘 입혀졌는지 확인해보자. 어, 단추
가 살짝 잘못 끼워졌네. 같이 고쳐볼까?"

"엄마가 빨대 꽂아 줄게. 음료수 줘."

→ "빨대를 꽂기 어려울 때는 이렇게 해보자. 손에 힘을 주고 꾹
눌러서 꽂아보렴."

"옷을 거꾸로 입었잖아. 엄마가 바로 입혀 줄게."

→ "옷을 입을 때 앞뒤를 헷갈릴 수 있어. 해바라기 그림이 있는
쪽이 앞이야. 다시 입어볼래?"

<스스로 생각해 볼 수 있는 기회를 제공하기 >

"한글을 제대로 맞추는 것이 없구나. 공부한 것 맞니?"

→ "한글 공부가 어렵구나. 그럼 재미있게 할 수 있는 방법을 찾
아보자! 한글 노래를 부르거나, 한글 그림책을 읽어 보는 건
어때?"

아이의 행동 하나하나를 지적하거나 수시로 바르게 행동하는

예민한 아이 욱하는 엄마

방법을 알려주는 것은 아이에게 도움이 되지 않습니다. 아이 입장에서는 그런 부모의 말이 잔소리로밖에 들리지 않습니다. 반복적인 질문보다는 명확한 한 번의 질문이 더 효과적입니다. 부모가 보기에 미덥지 않더라도, 아이의 의사를 존중하고 능력을 믿어 주세요. 다음의 말을 참고해서 연습해 보세요.

"친구 생일 파티는 어땠어? 친구가 과자 선물을 좋아해? 생일 파티에는 누가 왔어? 몇 시에 마쳤어?"
→ "친구 생일 파티 재미있었어?"

"양말이 이게 뭐니? 깨끗이 신고 다녀야지. 그리고 신은 양말은 빨래통에 넣어야지. 소파에 구부정하게 앉지 마. 허리 굽어진다."
→ "신은 양말은 빨래통에 넣어주면 좋겠어."

아이가 아직 어려서 할 수 없는 일을 하겠다고 말하면, 부모는 당황스럽고 어이가 없을 수 있습니다. 그래서 "지금은 안 되는 거야!" 또는 "할 수 없어!"라고 말하게 됩니다. 하지만 이런 말을 들은 아이는 실망하고 서운한 마음이 들 수 있습니다. 그렇게 말하는 부모에게 원망스런 마음도 쌓일 겁니다.

비고츠키(Vygotsky)의 근접발달영역 이론을 적용하여, 아이가 아직 혼자 할 수 없는 일이라도 희망의 메시지를 전달하는 것이 중요합니다. 이는 아이의 잠재력을 믿고 격려하는 태도로, 아이의 자신감과 도전 정신을 키워 줍니다. 다음의 말을 참고해서 연습해 보세요.

아이 : 커서 탤런트가 되고 싶어.

부모 : 탤런트는 얼굴이 많이 예뻐야 돼. 다른 꿈을 찾아봐.(X)

부모 : 와, 탤런트가 되고 싶구나! 탤런트는 어떤 점이 멋져 보여?(O)

아이 : 엄마 너무 예뻐요. 나도 화장할 거야.

부모 : 음, 엄마처럼 화장을 하고 싶구나!

아이 : 지금 화장 해줘요.

부모 : 엄마 화장품에 손대면 안 돼! 피부 나빠져.(X)

부모 : 화장에 관심이 생겼구나! 지금은 네 피부가 너무 예뻐서 화장 안 해도 돼요! 조금 더 크면 엄마처럼 화장을 할 수 있을 거야.(O)

"지금은 조금 어려울 수 있지만, 연습하면 할 수 있을 거야."

"엄마랑 같이 해보자. 그러면 점점 더 잘할 수 있을 거야."

"조금 더 크면 할 수 있을 거야. 그때까지 같이 준비해 보자."

예민한 아이 욱하는 엄마

아이가 지금 할 수 없는 일이라도 "할 수 없어."와 같이 꿈을 꺾는 말보다는 앞으로는 가능할 것이라는 희망의 말을 해 주어야 합니다. 부모에게 "할 수 없어."라는 말을 자주 듣고 자란 아이는 무기력하고 자신감이 낮은 아이로 성장합니다. 아이는 어떤 것에 흥미를 가지면 쉽게 포기하지 않고 지속하려는 특성이 있습니다. 그런데 부모가 성장하려는 아이의 꿈을 꺾는 말을 하게 되면 아이는 시작도 하기 전에 좌절감을 맛보게 됩니다.

아이가 부모에게 "어떻게 하면 좋을까요?", "엄마가 정해 주세요."라고 말할 때가 있습니다. 물론 위급한 상황이나 중요한 문제에서 부모의 의견은 정말 필요합니다. 하지만 평소에 작은 일부터 아이가 스스로 관심을 가지고 해결할 수 있도록 부모가 도와주어야 합니다. 부모가 아이에게 의견을 물어보면 아이는 스스로 문제에 대해 생각해 보고, 어떻게 해야 할지 고민하게 됩니다. 다음과 같이 아이의 생각을 물어봐 주세요.

아이 : 지안이랑 수지가 내일 같이 놀자고 했는데 누구랑 놀까요?
부모 : 음, 둘 다 좋은 친구구나. 네가 누구랑 놀고 싶어?

아이 : 동생이 자꾸 떼써요. 왜 그래요?
부모 : 동생이 자꾸 떼쓰니까 속상하지? 그런 상황에서 화가 나

는 건 당연해. 그 감정을 잘 다룰 수 있도록 같이 방법을 찾아볼까?

더불어, 아이에게 다양한 활동을 스스로 해 볼 수 있는 기회를 제공하여 아이의 자립심을 키워 줄 수 있습니다. 자립심을 키우기 좋은 대표적인 활동에는 체육활동이 있습니다. 스위스 심리학자 피아제(Piaget)의 인지발달이론에 따르면, 아이는 능동적인 경험을 통해 세상을 이해하고 학습합니다. 아이가 좋아하는 킥보드나 자전거를 타면서 원하는 곳으로 이동하고 직접 속도를 조절하는 경험은 아이의 자율성과 자신감을 키워 줍니다.

집에서 아이가 스스로 행동할 수 있도록 기회를 주세요. 스스로 세수하고 손을 씻는 행동, 엄마와 옷을 개는 행동, 장난감을 정리하는 행동, 신발을 정리하는 행동 등 집에서 아이에게 자율성을 키울 수 있도록 도와주세요. 이것은 이탈리아의 교육자 마리아 몬테소리(Maria Montessori)의 교육 철학과도 일치합니다. 그리고 아이를 믿고 편안한 마음으로 기다려주면 됩니다.

아이의 작은 시도를 응원하는 부모의 따뜻한 미소, 그 안에 담긴 무한한 신뢰와 사랑이 자립심의 씨앗이 됩니다. 실패의 아픔을 함께 나누고 다시 일어설 용기를 북돋아주는 손길, 그 과정에서 아이는 스스로의 힘을 발견하고 성장의 기쁨을 느낍니다.

예민한 아이 욱하는 엄마

작은 리더 만들기

주도성 있는 아이로 키우는
질문의 기술

지우: 내가 할 거야!

부모: 넌 어려서 못해! 엄마가 해 줄게(X).

부모: 지우가 한번 해 볼래?(O)

클로닌저(Cloninger) 박사와 그의 동료들이 제시한 기질 및 성격 모델에 따르면, 주도성은 성격의 핵심 요소 중 하나입니다. 주도성은 아이가 스스로 목표를 설정하고, 계획을 세우며, 행동으로 옮기는 능력을 의미합니다. 이는 개인의 자율성과 책임감 발달에 매우 중요한 역할을 합니다.

주도적인 아이는 놀이를 직접 선택하고, 어떤 장난감으로 놀지 스스로 결정합니다. 또한 옷 입기나 신발 신기 같은 일상 활동을 혼자 하려고 노력합니다. 간단한 퍼즐을 풀거나 블록 쌓기에서 어려움을 겪을 때도 포기하지 않고 계속 시도하며 문제를 해결하려고 합니다.

주도성과 관련된 중요한 개념으로 '통제 소재'가 있습니다. 이는 심리학자 줄리안 로터(Julian Rotter)가 제시한 개념으로, 아이가 자신의 행동이 결과에 미치는 영향을 어떻게 이해하는지를 나타냅니다. 내적 통제 소재를 가진 아이는 "열심히 그림을 그렸더니 선생님이 칭찬해 주셨어요."와 같이 자신의 행동이 결과를 만든다고 믿습니다. 반면 외적 통제 소재를 가진 아이는 "선생님이 기분이 좋아서 내 그림을 칭찬하신 것 같아요."와 같이 결과가 운이나 다른 사람에 의해 결정된다고 생각합니다. 이처럼 내적 통제 소재와 외적 통제 소재는 아이가 주도적인 사람이 되는지에 매우 큰 영향을 미칩니다.

반두라(Bandura) 박사의 사회학습이론에 따르면, 주도성이 높고 내적 통제 소재를 가진 아이는 새로운 도전을 즐기고, 실패해도 쉽게 포기하지 않습니다. 이러한 특성은 아이들이 도전적인 상황에 더 잘 대처하고, 실패를 학습의 기회로 받아들이는 데 도움을 줍니다.

반면 주도성이 낮고 외적 통제 소재를 가진 아이는 어려움에 부딪히면 쉽게 좌절하고 도움을 요청하는 경향이 있습니다. 이는 셀리그만(Seligman) 박사의 학습된 무기력 이론과 연관될 수 있습니다. 주도성이 부족한 환경에서 자란 아이들은 자신의 행동이 결과를 바꿀 수 없다고 믿게 되어, 결국 노력을 포기하게 될 수 있습니다.

주도성이 높은 아이는 "내가 원하는 장난감을 못 사면, 다른 방법을 찾아볼까? 용돈 모아서 살 수 있을까?"와 같이 자신이 원하는 것을 이루기 위해 여러 방법을 찾아봅니다. 이에 반해 주도성이 낮은 아이는 장난감을 사주지 않으면 계속 울면서 떼를 쓰는 행동을 보이기도 합니다.

에릭슨(Erikson) 박사의 심리사회적 발달 이론에 따르면, 아이의 주도성은 4~6세 무렵에 본격적으로 발달합니다. 이 시기에는 정서와 인지의 발달이 빨라지면서 목표를 이루기 위한 계획을 아이가 스스로 세울 수 있습니다. 아이가 주어진 상황에서 스스로 계획하고 판단하여 문제를 해결할 수 있는 환경이 제공될 때, 주도성은 더욱 발달합니다. 주도적으로 행동하려는 아이에게 부모가 비난하거나 스스로 행동할 기회를 주지 않으면, 아이는 "내가 잘못한 것 같아!"와 같은 죄책감을 갖게 되고 이것은 아이의 주도성에 매우 좋지 않은 영향을 미칩니다.

아이가 스스로
해볼 수 있는 기회

주도적인 아이는 새로운 것에 호기심이 많고 문제를 해결하려는 욕구가 강합니다. 궁금한 것에 대해 자주 질문하고, 실수를 부끄러워하지 않습니다. 흥미 있는 복잡한 퍼즐 놀이에 오랫동안 집중하며 끈기를 가지고 퍼즐을 완성합니다. 주도성이 높은 아이는 언어 능력이 뛰어나 친구 간의 다툼을 중재하는 능력도 탁월합니다.

아이의 주도성을 키우기 위해서는 먼저, 아이의 말을 존중해 주어야 합니다. 아이의 의견을 무시한 채 모든 것을 부모의 뜻대로 결정하면, 아이는 스스로 해볼 수 있는 기회를 잃게 됩니다. 아이가 "내가 할 거야!", "싫어!"라고 의사를 표현할 때, 아이의 의견을 무시하지 않고 인정해 주어야 합니다.

아이 : 싫어! 안 할 거야.
부모 : 고집 부리지 말고 엄마 말 들어.(X)
부모 : 응, 알겠어. 그럼 어떻게 하면 좋을지 같이 생각해 볼까?(O)

아이가 주도적으로 의견을 말하지 않더라도, 질문을 통해 의견을 물어보고 반영할 기회를 주세요. 질문을 받으면 아이는 스스로 생각하려는 노력을 하게 됩니다. 처음에는 의사 전달이 서툴 수 있지만, 반복되는 과정을 통해 사고의 폭이 넓어지고 자신의 의견을 조리 있게 말할 수 있게 됩니다. 아이가 자신의 의견이 상황과 타인의 행동에 영향을 미친다는 것을 알게 되면, 자부심을 갖고 적극적으로 의사를 표현하게 됩니다

"지우는 어떻게 생각해?"
"지우의 생각이 궁금해."

주도성의 발달을 돕기 위해서 아이가 원하는 목표와 그것을 이루기 위한 방법에는 어떤 것이 있는지 질문해 보세요. 이러한 질문들은 아이가 목표를 구체적으로 그려 나갈 수 있도록 돕습니다.

"지우가 원하는 게 뭐야?"(목표 질문)
"지우가 바라는 게 뭐야?"(목표 질문)
"그렇게 하려면 어떻게 하면 좋을까?"(방법 질문)

아이의 주도성을 키우는 과정에서 부모의 역할은 매우 중요합니다. 아이가 서투르고 실수가 많더라도, 그 실수에 초점을 맞추기보다는 아이의 노력과 시도 자체를 인정하고 격려하는 것이

핵심입니다.

스스로 행동하고 실천한 아이에게 고마움, 대견함, 기특함을 표현해 주세요. "멋진 생각이야.", "스스로 하려는 모습이 정말 기특해!", "엄마는 생각도 못했는데, 알려줘서 고마워.", "네가 정말 자랑스러워"와 같은 말들은 아이의 자신감과 주도성을 키우는 데 큰 도움이 됩니다.

하지만 아이의 주도성을 존중하는 것과 모든 것을 무조건 허용하는 것은 다릅니다. 안전한 범위 내에서는 아이가 마음껏 활동할 수 있도록 해 주되, 위험한 상황에서는 적절한 제한을 두어야 합니다.

아이가 스스로 해보려는 마음은 예쁘지만 부모가 어느 정도까지 받아줘야 할지, 언제 제지를 해야 할지 고민될 수 있습니다. 예를 들어 아이가 주방에서 직접 라면을 끓이겠다고 "내가, 내가!"라고 외치며 달려올 때, 부모는 아이가 뜨거운 냄비에 다칠까 염려되어 주방 근처에 오지 못하게 할 수 있습니다. 그러면 아이는 세상이 무너지듯이 울고 고함을 지르며 자기가 직접 해보겠다고 할 수 있습니다. 부모 입장에서는 이해하기 어려울 수 있지만, 아이의 시선으로 보면 뜻대로 되지 않아 세상이 무너지는 것 같은 충격을 받을 수 있습니다.

이런 상황에서 부모는 아이의 안전을 위해 제한을 두어야 하지만, 동시에 아이의 감정을 이해하고 공감해 주는 것이 중요합니다. 아이가 좌절감을 느낄 때, 부모는 아이의 감정을 섬세하게 알아주고 공감해야 합니다. 아이에게 화를 내고 야단을 치는 행동은 아이의 마음에 생채기를 낼 뿐 도움이 되지 않습니다. 아이의 잘못된 행동을 꼬집기보다는 속상한 마음을 달래 주고 아이가 마음을 추스를 수 있도록 기다려 주어야 합니다. 아이가 좌절감을 느끼는 상황에서 마음을 헤아려 주지 못한 것에 대해 미안함을 표현하는 것도 좋습니다.

"엄마가 네 마음을 잘 몰라줘서 미안해."
"많이 속상했구나! 엄마가 위로해줄게."
"너가 슬퍼하니까 엄마도 마음이 아파."
"화날 수 있지! 많이 속상했구나!"

아이의 마음이 진정된 후에는 왜 그런 행동을 제한했는지 아이가 이해할 수 있도록 설명해 주세요. 그리고 화가 나더라도 물건을 던지거나 드러눕는 대신, 말로 표현할 수 있도록 안내해 주세요.

"혼자 해보고 싶은데 못하게 해서 속상했지? 뜨거운 물에 델 수 있어서 엄마가 걱정했어. 네 안전이 가장 중요하거든."

또한 아이에게 감정을 건강하게 표현하는 방법을 가르쳐 주세요. "화가 날 때는 '나는 지금 화가 났어요'라고 말해 보는 건 어떨까?" 이렇게 하면 아이는 자신의 감정을 인식하고 표현하는 법을 배우게 됩니다.

이러한 과정을 통해 아이는 자신의 안전을 소중히 여기는 법을 배우고, 안전한 범위 내에서 자신의 행동을 조절하는 능력을 기르게 됩니다. 아이는 자신의 안전을 소중히 여기는 부모의 태도를 보고 배우며, 자신의 안전을 살피고 스스로를 소중히 여길 줄 알게 됩니다.

아이의 주도성은 정원의 꽃과 같습니다. 부모님의 따뜻한 이해와 공감은 햇빛이 되고, 안전한 범위 내에서 자유롭게 선택할 수 있는 기회는 비옥한 토양이 됩니다. 이 정원에서 아이는 자신감이라는 꽃을 피우고, 책임감이라는 열매를 맺습니다. 우리의 작은 씨앗이 튼튼한 나무로 자라, 언젠가 세상에 시원한 그늘을 만들어 줄 것입니다.

규칙은 재미있어!

즐겁게 규칙을 따르는
아이로 만드는 비법

아이가 규칙을 잘 지키는 것은 가정이나 사회에서 매우 중요합니다. 단체 생활을 하면서 아이는 또래와 어울리거나 놀이를 할 때 규칙을 잘 지켜야 다툼이 일어나지 않습니다.

하지만 규칙을 잘 지키지 않는 아이들을 주위에서 자주 볼 수 있습니다. 키즈카페에서 기차를 탈 때 줄을 서지 않고 먼저 타겠다고 맨 앞으로 달려가는 아이나, 선물을 받을 때 차례를 지키지 않고 먼저 뛰어나가 선물을 받겠다는 아이를 보면 다툼이 일어나지 않을까 걱정스럽습니다.

한편 아이가 규칙을 잘 지키지 않더라도 크게 신경 쓰지 않는 부모도 많습니다. 아이가 규칙을 지키지 않아도 '크면 알아서 잘 지키겠지.'라고 생각하며 규칙을 어기는 행동을 별일 아닌 것처럼 여기는 부모도 있습니다.

규칙을 잘 지키지 않는 아이는 버릇이 없고 자기 중심적인 경향이 강합니다. 반면 규칙을 잘 지키는 아이는 공동체 생활에 잘 적응하고, 정직한 사람으로 성장합니다. 그렇기 때문에 아이가 어릴 때부터 스스로 규칙을 잘 지킬 수 있도록 부모가 도와주어야 합니다. 부모가 아이 곁에 있든 없든, 아이는 성실하게 규칙을 지킬 수 있어야 합니다. 아이에게 "우리 기차 탈 때는 줄 서서 차례차례 타야 해.", "키즈카페에 들어갈 때 순서대로 들어가는 거예요."와 같이 순서를 지켜야 하며, 이러한 것이 규칙이라는 것을 설명해 주어야 합니다.

모피트(Moffitt) 박사와 동료들이 발표한 연구(2011)에 따르면, 어린 시절부터 자기 조절 능력을 발달시키는 것이 아동기와 청소년기의 사회적 적응과 학업 성취에 긍정적인 영향을 미친다고 합니다. 이는 규칙을 지키는 습관이 단순히 현재의 행동에만 영향을 미치는 것이 아니라, 장기적인 발달 과정에도 중요한 역할을 한다는 것을 시사합니다.

피아제(Piaget)의 인지발달이론에 따르면, 아이는 7세 무렵부터 물건의 크기나 무게를 순서대로 나열할 수 있는 '서열화'의 능력을 갖게 됩니다. 서열화 개념을 배우는 놀이를 아이와 함께 해

보면, 아이는 그 속에서 순서를 배우고 규칙에 대해 알아갑니다. 이런 놀이를 해 보면 어떨까요? 작은 물건부터 큰 물건 순서대로 찾아오기, 인형을 크기대로 줄 세우기, 무엇이 더 큰지 비교해 보기 같은 놀이를 하면 아이의 생각하는 힘이 자라납니다.

심리학자 비고츠키(Vygotsky)는 역할놀이나 상상놀이가 아이 발달에 아주 중요하다고 말했습니다. 이런 놀이를 하면서 아이는 규칙을 만들고 배울 수 있습니다. 또 생각하는 힘, 자기 조절 능력, 참을성, 친구와 어울리는 능력도 키울 수 있습니다.

아이와 상징 놀이를 하면서 아이가 스스로 규칙을 정해 볼 수 있습니다. "여기는 차가 많이 다니니까 뛰면 안 돼!", "계단에서는 천천히 걸어가야 해. 뛰면 넘어질 수 있어.", "기차 타러 갈 때는 줄 서서 기다려야 해. 차례대로 타는 거야!" 이렇게 놀이하면서 만든 규칙은 실제 생활에서도 쉽게 지킬 수 있습니다.

피자가게 놀이를 해볼까요? 아이가 요리사 역할을, 엄마가 손님 역할을 맡아 보세요. 손님인 엄마가 접시를 바닥에 던지면, 요리사인 아이가 "접시를 바닥에 던지면 안 돼요! 깨져요."라고 말할 수 있습니다. 이렇게 놀이를 통해 식당이나 다른 곳에서 지켜야 할 규칙을 자연스럽게 배우게 됩니다.

아이가 규칙을 잘 지키려면 집에서부터 작은 규칙을 만들고 지키도록 도와주어야 합니다. 예를 들면 이런 규칙은 어떨까요?

- 달콤한 과자는 저녁 7시 전까지만 먹기

- 양치질하고 자기

- 부모님 출근할 때 인사하기

새로운 규칙은 한 번에 하나씩 만들어 아이가 익힐 수 있도록 도와 주세요. 여러 개를 한꺼번에 지키라고 하면 아이가 힘들어할 수 있습니다.

보통 두 살이 지나면 아이들은 규칙을 이해하고 지킬 수 있습니다. 집에서부터 규칙을 정해서 실천할 수 있게 도와주세요. 하지만 규칙을 어겼다고 너무 심하게 혼내거나 벌을 주면 아이는 반발심이 생겨 더 따르지 않을 수 있습니다. 아이와 좋은 관계를 유지하면서 왜 규칙이 필요한지, 지켜야 하는지 설명해 주세요. 규칙을 지키지 않으면 어떤 결과를 얻게 되고, 규칙을 잘 지키면 어떤 이득이 있는지 아이가 이해할 수 있도록 설명해 주세요. 아래의 예시를 참고해서 아이에게 규칙을 설명해 주세요.

엄마: (횡단보도 앞에서) 우리 지금 어디 있는 거 같아?

아이: 음... 길이요!

엄마: 맞아, 길이지. 이건 특별한 길이야. 횡단보도라고 하는데,
　　　사람들이 안전하게 길을 건널 수 있게 해주는 곳이야.

예민한 아이 욱하는 엄마

아이: 아하, 그렇구나.

엄마: 저기 보이는 거 뭐 같아?

아이: 신호등이요!

엄마: 와, 잘 알고 있구나! 맞아, 신호등이야. 빨간불이면 뭘 해야 할까?

아이: 멈춰요!

엄마: 그래, 아주 똑똑하네! 그럼 초록불이면?

아이: 건너요!

엄마: 맞아! 정말 잘 알고 있네. 지금은 무슨 색 불이 켜져 있어?

아이: 빨간불이에요.

엄마: 그래서 우리가 여기 서 있는 거야.

아이: 엄마가 그렇게 하라고 했잖아요.

엄마: 맞아, 잘 기억하고 있네. 이렇게 약속을 지키면 안전하게 다닐 수 있어.

아이: 네, 알겠어요!

엄마: 자, 이제 잘 시간이네. 자기 전에 뭘 해야 하지?

아이: (하품하며) 음… 잘래요….

엄마: 어머, 많이 피곤해 보이네. 그런데 잠자기 전에 꼭 해야 하는 게 있었는데, 기억나?

아이 : 양치질요?

엄마 : 맞아!

아이 : 너무 졸려요….

엄마 : 그렇구나. 하지만 양치질 안 하면 어떻게 될까?

아이 : 음… 충치 생겨요?

엄마 : 맞아. 충치 생기면 치과 가야 하는데, 아프지 않을까?

아이 : 아파요.

엄마 : 그치? 그래서 매일 양치질 하는 게 중요해. 우리가 정한
　　　 규칙이기도 하고. 같이 해볼까?

아이 : 네, 할게요.

　규칙을 정할 때는 아이의 나이를 생각해서 쉬운 것부터 시작하
는 게 좋습니다. '신발 정리하기', '장난감 정리하기'와 같이 아이
가 혼자 할 수 있는 것부터 해 보세요. 그러면 아이가 자신감을
갖게 됩니다.

　또한 규칙은 부모가 혼자서 정하기보다는 아이와 함께 의논하
여 정하는 것이 좋습니다. 그러면 아이가 더 즐겁게 규칙을 따를
수 있습니다. 서로 이야기를 나누면서 좋은 방법을 찾아보세요.

　부모가 규칙을 혼자 정해서 아이에게 강요하면 아이는 불만이
생길 수 있습니다. 아이는 부모의 눈을 피해서 자기가 원하는 대

로 행동하고 규칙은 지키지 않을 겁니다. 다음과 같이 아이와 충분히 대화하면서 함께 규칙을 정해 보세요.

엄마: 요즘 유튜브를 많이 보는 것 같아서 걱정이 돼. 하루에 얼마나 보고 싶어?

아이: 음… 많이 보고 싶어요!

엄마: 많이 보는 건 좋지 않아. 엄마는 조금만 봤으면 좋겠어. 네가 좋아하는 만화 한 편 정도?

아이: 아니야, 그건 너무 짧아요.

엄마: 그럼, 네가 좋아하는 만화 두 편 정도는 어때?

아이: 음… 그래요.

엄마: 좋아. 그럼 두 편만 보자. 그런데 만약에 두 편보다 더 많이 보면 어떻게 할까?

아이: 꿀밤 맞기?

엄마: 꿀밤은 아프잖아. 다른 방법 없을까?

아이: 다음날 못 보게 하는 거요?

엄마: 그것도 좋은 생각이네. 그럼 이 약속을 종이에 적어서 붙여둘까?

아이: 네, 좋아요!

규칙을 함께 정했더라도 부모가 그 규칙을 종종 어기면, 아이도 규칙을 잘 따르기 어렵습니다. 아이는 부모의 행동을 보고 배우기 때문입니다. 부모가 횡단보도를 무시하고 차도로 길을 건너거나 줄을 서지 않고 새치기하는 모습을 보이면, 아이도 규칙을 잘 지키지 않게 됩니다. 부모님이 먼저 좋은 본보기가 되어 주세요.

규칙은 상황에 따라 달리 적용해야 하는 경우도 있습니다. 예를 들어 키즈카페에서는 신나게 놀아도 되지만 도서관이나 독서실에서는 조용히 해야 합니다. 아이에게 상황에 따라 달리 행동해야 한다는 것을 구체적으로 알려주세요. 즉, "여기는 OO 하는 곳이야. 여기서는 OO 하는 거야."와 같이 장소와 상황에 맞추어 적절히 행동할 수 있도록 안내해 주세요. 아래의 대화를 참고해서 아이에게 상황에 맞게 행동하는 방법을 가르쳐 주세요.

"도서관은 조용한 곳이에요. 책 읽는 사람들을 방해하지 않게 작은 목소리로 말하자."
"여기가 버스 정류장이야. 버스 타려는 사람들이 기다리는 곳이지. 우리도 줄 서서 차례대로 타야 해."

아이가 상황에 맞는 행동을 하는 것이 익숙해졌다면 아이에게 매번 규칙을 알려 주지 않아도 됩니다. 아이는 스스로 적절한 행동을 할 수 있을 테니까요. 가끔 규칙에 어긋난 행동을 한다면, "여기서는 어떻게 해야 할까?"라고 넌지시 물어봐 주세요. 아이가 어떻게 행동해야 할지 잘 모른다면, 부모가 상황에 맞는 행동 방법을 구체적으로 설명해 주면 됩니다. 아이가 상황에 맞게 적절히 행동했을 때는 칭찬과 격려를 아끼지 말아 주세요.

아이가 규칙을 지키려고 노력하지만 처음부터 잘하기는 어려울 수 있습니다. 아이가 쩔쩔매며 전전긍긍할 때, 부모의 공감적인 말과 따뜻한 조언은 아이에게 큰 힘이 됩니다. 부모가 노심초사하기보다는 아이를 믿고 차분히 기다려 주세요.

아이에게 규칙을 처음 설명해 줄 때, 이 규칙을 지키는 것이 쉽지 않을 수도 있음을 알려 주세요. 아이가 규칙을 잘 지키지 못하더라도, 쉽지 않은 과제임을 부모가 미리 알려주었기 때문에 아이가 느끼는 실망감은 줄어들 겁니다. 아이가 지키기 어려운 과제를 해냈을 때, 더 큰 성취감을 느끼며 뿌듯해할 겁니다.

"밖에 다녀오면 손에 보이지 않는 작은 벌레들이 있어. 그래서 집에 오면 비누로 손을 씻어야 해. 처음엔 어려울 수 있지만 계속 하다 보면 쉬워질 거야."

규칙을 잘 지키는 것은 반복 연습을 통해 가능합니다. 규칙과 관련된 그림을 그리거나, 노래를 만들어 부르는 등의 활동을 통해 규칙의 중요성을 표현하게 하면 아이의 창의성을 자극하면서 규칙에 대한 이해를 높일 수 있습니다.

아이들의 마음은 아직 여린 새싹과 같습니다. 규칙이라는 비옥한 토양을 쉽게 이해할 수 있도록 부드럽게 설명해 주세요. 그리고 부모님의 따뜻한 손길로 그 새싹을 매일 어루만져 주세요. 그러면 언젠가 아이들의 마음에 자기 조절이라는 아름다운 꽃이 피어날 것입니다.

칭찬의 마법

아이의 잠재력을 꽃피우는
따뜻한 말들

아이 : 엄마, 제가 블록으로 집을 만들었어요. 보세요, 예쁘죠?

부모 : 그런 건 누구나 다 만들 수 있는 거야. 더 어려운 걸 만들
어 봐.

아이를 임신한 엄마는 "우리 아가가 건강하게만 태어났으면 좋
겠어!"라는 마음을 가집니다. 어린아이를 키우는 엄마는 "아가
야, 건강하게만 자라다오!"라고 말하며 소중한 아이가 건강하게
자라고 있음에 감사해 합니다. 아이가 어린이집을 다닐 무렵 엄
마는 차츰 다른 아이와 내 아이를 비교하기 시작합니다. 부모끼
리 교류하면서 내 아이가 더 성장이 빠르고 똑똑하면 좋겠다는

바람이 생기기도 합니다.

아이가 어릴 때 행동이 빠르고 영리하면 아이에게 칭찬을 줄 곧 합니다. "와, 정말 빨리 배우는구나! 엄마가 한 번만 알려줬는데 벌써 다 이해했어?", "우리 아이 정말 똑똑하네! 어떻게 그걸 생각해 냈어?"라고 말입니다. 하지만 일상이 반복되면 재치 있는 아이의 행동에 익숙해져서 "저런 것쯤은 원래 잘하는 아이지!"라고 생각하며 칭찬을 아끼게 됩니다. 왜냐하면 "너는 다른 아이들과 달라! 그 정도는 당연히 할 수 있어야지."라는 마음을 갖게 되기 때문입니다.

주위를 둘러보면 칭찬에 굶주린 아이들이 참 많습니다. 매일 과제를 하고, 밥을 잘 먹고, 잠을 잘 자고, 친구들과 잘 노는 것도 사실 칭찬받아 마땅한 일입니다. 하지만 우리는 이런 일상적인 행동들을 당연히 해야 하는 일이라고 생각하며 아이들의 노력을 간과하곤 합니다.

평상시에 행해지는 작은 일들에 대해서도 아이에게 아낌없이 칭찬해 주세요. 밥을 흘리지 않고 먹는 행동, 반찬을 골고루 먹는 행동, 친구에게 장난감을 양보한 행동, 양치질을 하는 행동, 혼자 신발을 신는 행동 등은 칭찬받을 만한 것들입니다.

때로는 잘못된 부분에 대해 지적하는 것이 효과가 있을 때도 있습니다. 신뢰를 바탕으로 한 관계에서 잘못된 부분을 말해 주면 아이는 새로운 행동으로 개선하려는 의지를 가지고 노력할 수 있습니다. 하지만 잔소리처럼 수시로 비난하고 지적한다면 아이는 풀이 죽고 말한 상대에게 반감을 가질 수 있습니다.

아이의 장점을 칭찬해 주는 가정에서 자란 아이는 그렇지 않은 가정에서 자란 아이들보다 자신감이 넘치며 자존감이 더 높습니다. 칭찬을 받고 자란 아이는 더 높은 목표를 계획하고 성취하려고 더 많은 노력을 합니다. 그리고 삶의 시련에 빠졌을 때도 긍정적으로 생각하며, 회복 탄력성이 높습니다.

아이에게 효과적으로 칭찬하는 방법은 무엇일까요? "멋져", "잘했어"라는 간단한 칭찬도 좋지만, 더 효과적인 방법은 구체적으로 칭찬하는 것입니다. "도와줘서 정말 고마워", "정말 멋지다!", "스스로 잘 해내는 모습이 정말 대단해!", "솔직하게 말해줘서 고마워!"와 같이 다양한 표현을 사용하여 구체적으로 칭찬해 주면 아이가 자신의 장점을 정확히 알게 됩니다. 아래의 표현을 참고하여 부모가 보고 듣고 느낀 것을 구체적으로 설명하면서 칭찬해 주세요.

"멋있어."

→ "우와, 색깔이 정말 예쁘네! 블록으로 사각형을 만들었구나."

"그림 잘 그렸어."

→ "기차 그림이 멋져! 파란색 기차에 바퀴도 색칠했고, 사람들도 그렸네. 엄마도 기차 타고 싶어졌어."

"마음이 따뜻하구나."

→ "아, 딸기가 말라서 슬펐구나. 네가 식물에 관심 있는 모습이 참 예뻐."

"너 정말 용감하구나!"

→ "친구를 도와줬어? 정말 용감하고 친절한 아이구나."

칭찬할 때는 결과보다는 노력한 과정을 칭찬해 주세요. 결과가 좋지 않아도 아이가 열심히 노력한 부분은 당연히 칭찬받아야 마땅합니다. 신발을 신는 것을 열 번 실패했다고 아이를 비난하기보다는 신으려고 노력한 자세에 대해 칭찬을 하는 것이 아이의 자존감을 높입니다. 사소한 것이라도 칭찬하는 습관을 들여 보세요. 칭찬하는 것이 어색하지 않고 즐거울 것입니다.

"연못을 그린 것 같은데, 아직 빈곳이 많아. 좀 더 빨리 그려봐!"

→ "연못 그리기 어려웠을 텐데 열심히 그렸구나! 연잎 색깔도

예쁘게 칠했네."

"공부는 원래 해야 되는 거야!"
→ "공부하는 게 힘들지? 그래도 열심히 하는 모습이 멋져."

더 많이, 더 구체적으로
칭찬해 주기

아이가 칭찬받을 일이 있다면 주위 사람들에게 알려서 아이가 더 많은 칭찬과 격려를 받을 수 있도록 도와줍니다. 할머니, 할아버지, 이모, 친구에게 아이를 칭찬하는 말을 하는 것을 아이가 듣는다면 아이의 자존감도 높아집니다. 주위 사람들에게 자주 칭찬을 듣는 아이는 자신감이 높고 다른 사람을 긍정적으로 바라봅니다. 그래서 좋은 인간관계를 형성하며 행복한 삶을 살게 됩니다.

아이가 부모로부터 받은 칭찬은 아이의 기억 속에 저장되어 자신에 대해 긍정적인 감정을 갖게 만들고 진취적인 삶을 살게 합니다. 아이는 자신이 알지 못한 자신의 긍정적인 면을 칭찬받으면 스스로에 대해 자부심을 갖게 됩니다.

오늘부터 아이의 사소한 부분부터 하나씩 칭찬해 주세요. 매일 칭찬할 일 다섯 가지를 찾아보는 연습을 해 보는 것도 좋습니다. 아이뿐만 아니라 주위 사람들의 사소한 말과 행동에도 귀 기울여 아이를 칭찬해 주는 습관을 들여 보세요. 그러면 아이는 자신의 장점을 알게 되고, 힘든 시기에 그 장점을 토대로 다시 일어설 수 있게 됩니다.

아이의 장점을 칭찬해 주기 위해서는 부모가 아이의 말과 행동에 관심을 가지고 귀를 기울여야 합니다. 칭찬을 받고 자란 아이는 다른 사람의 장점에 대해 칭찬할 줄 압니다. 그리고 자신과 타인을 사랑할 줄 압니다.

아이가 블록으로 집을 만들었을 때, "와, 정말 멋진 집이구나! 빨간 지붕과 파란 벽이 잘 어울려. 창문도 네모나게 잘 만들었어. 네가 상상한 집을 이렇게 블록으로 표현하다니 대단해!"라고 말할 수 있습니다. 아이가 그림을 그렸다면, "우와, 정말 멋진 그림이야! 노란 해님도 그리고, 초록 나무도 그렸네. 나무 밑에 앉아있는 사람들도 보이네. 네가 상상한 풍경을 이렇게 잘 그렸어. 색칠도 꼼꼼하게 했구나. 이 그림을 보니 나도 공원에 가고 싶어졌어."라고 칭찬할 수 있습니다.

아이가 식물에 관심을 보일 때, "화분의 흙이 말랐구나. 그걸 발견했다니 정말 대단해. 식물이 물이 필요할 때를 잘 알아보는 모습이 멋져. 네가 이렇게 관심을 가져주니 식물도 좋아할 거야."라고 말해줄 수 있습니다.

아이가 연못 그림을 그렸을 때, "연못 그리기 어려웠을 텐데 정말 열심히 했구나! 연잎 색깔도 잘 칠했어. 물의 잔잔한 느낌도 잘 나타났네. 네가 이렇게 꾸준히 노력하는 모습을 보니 정말 자랑스러워."라고 말해줄 수 있습니다.

아이가 공부하는 모습을 보았다면, "공부하는 게 힘들지? 그래도 이렇게 꾸준히 노력하는 네 모습이 정말 멋져. 어려운 문제도 포기하지 않고 도전하는 모습이 대단해. 네가 이렇게 열심히 하는 걸 보니 나도 힘이 나."라고 격려할 수 있습니다.

이렇게 구체적으로 칭찬하면 아이는 자신의 어떤 점이 좋았는지 정확히 알 수 있고, 그 부분에 대해 더 자신감을 가질 수 있습니다. 또한 부모가 자신의 행동을 세심하게 관찰하고 있다는 것을 느껴 더욱 노력하게 될 것입니다. 아이의 작은 성취도 부모의 따뜻한 시선 속에서 큰 의미를 가지게 되며, 그 사랑과 관심이 아이의 마음을 더욱 따뜻하게 만듭니다.

부정적인 말 지우기

긍정 에너지 가득한
대화 만들기

"넌 이것밖에 못하니?"

"너처럼 느려서 앞으로 뭐가 될래?"

"너는 공부해도 안 되니까 그냥 집안일이나 해!"

마음이 불안하거나 스트레스를 받을 때, 부모는 무의식적으로 아이에게 비난의 말을 하며 스트레스를 해소하려고 할 수 있습니다. 예를 들어 "넌 이것밖에 못하니?", "너처럼 느려서 앞으로 뭐가 될래?", "너는 공부해도 안 되니까 그냥 집안일이나 해!"와 같은 말을 하며 아이를 '무능력한', '느린', '멍청한' 아이로 평가하고 부정적인 시선을 보낼 수 있습니다.

이런 말을 부모가 직접 듣는다면 마음이 어떨까요? 아마 우울하고 자신감이 떨어진 자신을 발견하게 될 겁니다. 이런 말을 듣는 아이는 '나 아무것도 못해요.', '난 너무 느려서 다른 애들처럼 못해요.', '공부가 너무 어려워요. 그냥 안 할래요.'와 같은 무기력하고 좌절감 가득한 생각을 하게 됩니다. 부모의 화난 얼굴, 못마땅한 표정, 비꼬는 말투만으로도 아이는 부모의 마음을 쉽게 눈치 챕니다. 부모가 팔짱을 끼고 화난 듯한 표정을 짓고 있다면 아이는 부모가 자신을 못마땅해 한다는 것을 느끼게 됩니다.

반면에 부모가 아이에게 "너는 참 친절한 아이구나!"라고 말하면 아이는 어떤 마음을 느낄까요? 앞으로 친절한 행동을 더 많이 하게 됩니다. 부모가 아이를 어떻게 바라보느냐에 따라 아이의 자신감, 노력의 정도, 성장 가능성이 달라집니다. 부모가 아이를 긍정적으로 바라볼 경우 아이는 자신의 강점을 발견하게 됩니다. 부모가 아이에게 강점에 초점을 두고 대화하는 습관을 가지면 아이는 자신감이 높아집니다. 그리고 스스로 열심히 노력하여 삶을 개척하고 크게 성장할 수 있습니다.

로젠탈(Rosenthal)과 제이콥슨(Jacobson) 박사의 '피그말리온 효과' 연구에서 보여 주듯이, 부모나 교사의 기대가 실제로 아이의 성과에 영향을 미칩니다. 부모가 아이를 '문제아'로 여기면, 아이는 무의식적으로 그 기대에 맞춰 행동하게 될 수 있습니다. 이는 아이가 부모의 기대를 충족시키려는 심리적 욕구 때문입니다. 결과적으로 부모의 부정적인 인식이 아이의 실제 행동을 변화시켜 '문제아'로 만들 수 있는 것입니다.

아이의 발달 측면에서 자기 개념(self concept)은 매우 중요합니다. 하나의 행동으로 아이를 '나쁜 아이'로 낙인찍으면, 아이는 스스로를 무능하고 가치 없는 사람으로 여기게 됩니다. 즉, 자신에 대해 '멍청이', '바보'와 같은 부정적인 자아 개념을 가지게 됩니다. 이렇게 형성된 부정적인 자기 개념은 부정적인 행동의 반복으로 이어질 수 있습니다. 부모가 아이의 약점에 집중하여 부정적인 평가를 자주 하면 아이는 자존감에 손상을 입게 됩니다. 약점이 먼저 눈에 들어오는 것은 사람인지라 어찌 보면 자연스러운 일일 수 있습니다.

"우리 아이는 잘하는 것이 없어요."라고 생각하는 부모도 있지만, 세심한 관찰을 통해 아이의 작은 행동에서도 강점을 발견할 수 있습니다. 습관적으로 강점을 찾는 연습을 하면 아이의 새로운 면모를 발견할 수 있습니다. 자신의 강점을 알고 자신감이 생긴 아이는 자신의 부족한 점도 받아들일 수 있는 강한 마음과 인내심을 갖게 됩니다. 따라서 부모님들은 아이의 강점에 초점을 맞추고, 긍정적인 기대와 격려의 말을 통해 아이의 건강한 성장을 도울 수 있습니다. 아래의 문장을 참고하여 아이의 약점보다는 강점에 집중하여 대화하는 습관을 길러 보세요.

< 화가 많은 아이의 강점 : 가치관이 확고함 >

"넌 왜 이리 화가 많니?"

→ "친구를 배려하는 마음이 강하구나!"

< 느린 아이의 강점 : 섬세하고 완벽하며, 조심성이 많음 >

"스티커 언제 다 붙일래? 참 행동이 느리다."

→ "스티커를 정말 꼼꼼하게 붙였네! 집중력이 정말 좋아!"

< 급한 아이의 강점 : 적극적이며 의욕이 강함 >

"그림을 왜 이리 빨리 그리니? 누구 닮아서 성격이 급한 거니?"

→ "그림을 빨리 그렸구나! 그리고 싶은 게 많았나 보네."

< 걱정이 많은 아이의 강점 : 일을 더 능숙하게 하고 싶은 마음이 강함 >

"매일 발표 걱정이니? 이제 그만 좀 해."

→ "발표를 잘하고 싶구나! 무슨 내용을 발표하고 싶어?"

< 싫증을 잘 내는 아이의 강점 : 새로운 것을 좋아하고 창의적임 >

"꾸준히 하지 못하고, 매번 싫증을 내는구나."

→ "새로운 생각이 많구나! 어떤 생각을 했어?"

< 예민한 아이의 강점 : 섬세하며 감수성이 풍부함 >

"이렇게 예민해서야, 참 걱정된다."

→ "네 감정을 잘 말하네. 그게 정말 멋진 점이야!"

< 자주 돌아다니는 아이의 강점 : 새로운 것에 대한 호기심이 강함 >

"어디를 자꾸 돌아다니니?"

→ "궁금한 게 많구나! 어떤 걸 알고 싶어?"

아이에게 주의가 필요한 부분이 있다면, 다음과 같은 방식으로 대화하는 것이 좋습니다.

"나는 ~은 좋은 점이라고 생각해. 그런데 네가 ~해서 걱정돼. 네가 ~해 주면 좋겠어."

아이의 긍정적인 점을 먼저 언급하고 걱정되는 부분을 말해 줌니다. 그리고 부모가 당부하고 싶은 부분을 알려줍니다. 그러면 아이가 행동을 개선하려고 노력하게 되어 큰 도움이 됩니다.

"네가 친구들을 많이 도와주는 건 정말 좋은 일이야. 그런데 공부할 시간도 필요할 것 같아. 어떻게 하면 둘 다 잘할 수 있을까?"

아이 중에 유독 손이 많이 가고 부족한 점이 눈에 띄는 아이가 있습니다. 부모는 그 아이만 보면 속이 타 들어갑니다. 그렇다고, 매번 아이의 부족한 점을 지적하고 낙인을 찍을 수는 없습니다.

우리는 실패 경험을 통해 배우고 다시 일어나 노력해서 성공하는 과정을 어른이 될 때까지 반복합니다. 실패했을 때 곁에 있는 가족이 위로와 격려를 해준다면 다시 일어날 힘이 생깁니다. 아이뿐만 아니라 어른도 실수할 수 있고 부족한 점이 있게 마련입니다.

아이가 실수를 했을 때도 바로 잘못을 지적하기보다는 배울 점을 찾아주는 것이 좋습니다. "와, 이걸 해냈구나! 정말 열심히 노력했어!"와 같이 아이의 노력을 인정하고 격려해 주세요. 부모의 따뜻한 시선과 긍정적인 말은 아이의 자존감을 높이고, 실패를 극복하고 다시 일어설 수 있는 힘을 줍니다. 긍정적인 모습을 찾으려는 부모의 노력은 아이의 건강한 성장에 매우 중요합니다.

5장

부모와 아이를 연결하는 사랑의 말들

15분의 기적

지친 부모의 마음을 환기하는
간단한 방법

엄마는 아이가 배가 고프다는 말에 아이의 간식을 챙겨 주었습니다. 엄마가 잠시 자리를 비운 사이에 아이가 장난감을 가지고 놀다가 미끄러져 간식을 바닥에 모두 쏟았습니다.

엄마: 어머, 이게 뭐야? 간식이 왜 이렇게 바닥에 다 흩어져 있어?
아이: (고개를 숙이고 발끝만 바라보며) 음… 몰라요.
엄마: (목소리를 높이며) 아이고, 간식은 먹지도 않고 바닥만 더럽히고! 짜증 나! 저리 가!

부모는 직장 일을 마치고 많이 지쳐 있습니다. 하지만 이것저

것 쉴 새 없이 요구하는 아이에게 잠시도 눈을 뗄 수 없습니다. 아이는 어른이 안 보는 사이에 간식을 쏟아 버리기도 하고 뛰어다니다가 다치기도 하기에 부모는 정신이 없습니다. 부모는 인내심의 한계에 부딪혀 아이에게 화를 내며 말합니다. 아이가 뜻대로 되지 않으면 화가 날 수 있습니다. 화를 낸 후에 부모는 화를 자제하지 못한 스스로를 자책하기도 합니다. 이런 경우에 부모는 죄책감을 가지기보다는 휴식을 통해 스스로 마음을 다스리는 것이 더 중요합니다.

'아이에겐 화를 내면 안 돼!'라고 생각하며 부모가 스스로 자신의 행동을 자책하지 마세요. 화가 올라오는 것은 아이를 잘 키우기 위해 고분고투하고 있다는 증거입니다.

다만 화가 난다고 해서 아이에게 "너는 태어나지 말아야 할 존재야.", "넌 죽는 것이 나아."와 같이 아이의 존재 자체를 부정하는 말은 절대 하면 안 됩니다. 인격을 부정하는 말은 아이의 가슴에 두고두고 남아 상처가 되기 때문입니다.

부모가 포용할 수 있는 한계를 넘어선 경우에는 아이에게 화를 낼 수도 있습니다. 아이가 해서는 안 되는 행동을 한 경우에는 부모가 화를 낼 수 있습니다. 화를 낼 때에는 아이에게 큰 상처가 되지 않도록 현명하게 화를 내는 방법을 배울 필요가 있습니다.

예민한 아이 욱하는 엄마

스트레스 상황에서는 사고력, 문제 해결력 등의 고등 정신작용을 관장하는 전두엽이 제 기능을 발휘하지 못하고 편도체가 흥분하여 충동적이고 즉흥적으로 판단하는 경우가 많습니다. 정서를 조절하는 방법을 배우면 편도체가 안정화되어 부정적인 정서에서 벗어날 수 있습니다. 그리고 전두엽이 제 기능을 발휘하여 이성적인 두뇌 활동이 가능하고 사고력과 문제 해결력이 높아집니다.

정서를 조절하는 것은 감정을 억압하거나 무시하는 것과는 다릅니다. 어떤 부모는 감정을 억누르면 효과적이지 않느냐고 묻기도 합니다. 스탠퍼드대학교의 심리학 교수인 제임스 그로스(James Gross)와 컬럼비아대학교의 심리학 교수인 케빈 옥스너(Kevin Ochsner)의 뇌 영상 연구에서 부정적인 감정을 억누른 사람은 겉으로는 평정심을 유지하는 것처럼 보일지라도 마음속은 감정을 표출한 사람과 같거나 그보다 더 많이 불편한 감정을 느낀다는 것을 밝혀냈습니다.

어떤 감정을 느끼는 것은 그럴 만한 이유가 있기 때문입니다. 느껴지는 감정을 억누르거나 무시하면 내면과의 소통을 차단하는 것이기 때문에 더 큰 심리적 문제를 야기할 수 있습니다. 요약하자면 감정을 억누르는 것은 정신건강에 부정적인 영향을 주는 한편, 감정을 조절하는 방법을 연습하는 것은 마음건강에 큰 도움이 된다는 것입니다.

명상 교사인 존 카밧진(Jon Kabat-Zinn)이 개발한 MBSR(Mindfulness-Based Stress Reduction) 기법은 마음챙김에 기반한 스트레스 감소 기법입니다. 이는 현재 순간에 주의를 기울이고, 자신의 생각과 감정을 판단하지 않고 관찰하는 훈련을 말합니다. 부모는 이 기법을 통해 아이가 떼를 쓰는 상황에서도 자신의 감정을 잘 다스릴 수 있게 됩니다. 예를 들어 아이의 울음소리에 즉각적으로 반응하는 대신, 잠시 멈추고 자신의 호흡에 집중함으로써 더 차분하게 대응할 수 있습니다. 이러한 접근은 부모의 스트레스를 줄이고 더 효과적인 양육을 가능하게 합니다.

감정을 조절하는 다섯 가지 방법을 실생활에서 실천해 본다면 힘든 상황을 이겨내는 데 많은 도움이 될 것입니다.

감정에 이름 붙이기: 내면의 목소리에 귀 기울이기

먼저 편안한 자세로 앉아, 눈을 감거나 부드럽게 뜬 채로 있습니다. 깊고 천천히 호흡하며 마음을 가라앉힙니다. 현재 순간에 온전히 집중하고, 자신의 감정을 이해하고자 하는 따뜻한 마음을 가집니다.

이제 최근 겪은 스트레스 상황을 떠올려 봅니다. 그 순간 느꼈던 감정에 주의를 기울입니다. 몸의 반응을 살펴보세요. 가슴이

예민한 아이 욱하는 엄마

답답한가요? 아니면 어깨에 힘이 들어가나요? 이런 신체 감각을 통해 감정에 이름을 붙여봅니다. "아, 이건 불안이구나" 또는 "지금 나는 화가 나 있어"라고 말이죠.

이렇게 감정을 인식하고 이름을 붙이는 과정은 마음챙김의 중요한 부분입니다. 슬픔, 우울, 분노, 두려움과 같은 감정에 이름을 붙이는 과정은 전두엽 피질을 활성화시키고 편도체의 흥분을 가라앉히는 데 도움이 됩니다. 감정에 이름을 붙이는 작업을 통해서 자신의 감정적 반응이 진정되는 것입니다.

우리가 감정을 알아차리기도 전에 몸이 먼저 느낍니다. 화나는 감정을 심장이 빨리 뛰고 어깨와 목에 힘이 들어가는 증상으로 느낄 수 있습니다. 슬픔을 목이 메이는 증상으로 느낄 수 있습니다. 느끼는 감정에 따라 몸의 반응도 제각기 다른 방식으로 표현됩니다. 몸의 감각에 집중해 보면 감정을 인식하는 데 도움이 됩니다. 몸의 감각을 통해 감정을 느끼고 그 감정에 이름을 붙이면 감정을 인식할 수 있습니다.

감정에 이름을 붙이는 것은 감정이나 몸의 감각을 말로 표현하는 것입니다. 예를 들면 "도둑은 무서워.", "숨이 막혀서 답답해.", "슬퍼"와 같이 말하는 겁니다. 육아를 하면서 스트레스 상황을 종종 맞이하겠지만, 지속적으로 감정을 인식하고 조절하는 연습을 한다면 스트레스에서 벗어나 좀 더 평온한 마음으로 지낼 수 있습니다. 고통스러운 감정이라 하더라도 대체로 오랫동안 지속되는 감정은 없습니다. 거친 파도와 같은 감정도 결국에는 잠잠해집니다.

감정과 함께하기: 회피하지 않고 감정에 머물기

불편한 감정이 올라올 때, 우리는 종종 그것을 밀어내려 합니다. 하지만 이번엔 그 감정을 있는 그대로 받아들여 보세요. 예를 들어 "지금 나는 화가 나 있어."라고 자신에게 말해 봅니다. 감정을 판단하지 않고, 그저 관찰자의 눈으로 바라봅니다.

불쾌한 감정이 느껴질 때 게슈탈트 상담 방법 중의 하나인 '감정에 머물기' 기법('Staying with the feeling' technique)이 도움이 됩니다. 감정과 마주하는 경험은 우리가 감정에 끌려 다니지 않고 현명한 판단을 내릴 수 있도록 합니다. 화가 날 때 자신의 감정에 머물다 보면 흥분이 가라앉고 다시 마음을 추스르며 올바른 판단을 할 수 있게 됩니다. 부정적인 감정에 직면하기 위해서는 용기와 고통을 견뎌낼 의지가 필요합니다. 감정에 머물러 보는 것은 우리의 내면의 성장을 돕습니다.

부정적 감정 방출하기: 호흡으로 마음 정화하기

호흡에 집중해 봅시다. 숨을 들이쉴 때는 평화와 긍정의 에너지를 상상하며 천천히 3초간 들이마십니다. 내쉴 때는 모든 부정적인 감정(분노, 슬픔, 불안 등)을 함께 내보낸다고 상상하며 4초간 길게 내쉽니다. 이 과정을 마음이 편안해질 때까지 반복하면서 점차 마음이 가벼워지는 것을 느껴보세요.

화, 스트레스가 많은 날 심호흡을 하면서 부정적인 감정을 몸밖으로 배출하면 심리적 안정에 도움이 됩니다. 제가 아이를 키우면서 손쉽고 효과가 빨라서 가장 많이 사용한 방법이기도 합니다. 체력이 바닥난 상황에서 아이가 떼를 쓸 때 사용하면 화난감정이 안정되곤 했습니다. 부정적인 감정을 몸 밖으로 배출한다고 생각하고 숨을 길게 내쉬는 것이 중요합니다.

긍정적 이미지 그리기: 마음의 안식처 만들기

잠시 현재의 공간에서 벗어나 당신만의 안식처로 떠나 봅시다. 눈을 감고 가장 좋아하는 장소를 떠올려 보세요. 그곳이 푸른 바다일 수도, 고요한 숲속일 수도 있습니다. 그곳의 모든 감각을 생생하게 상상해 보세요. 바다 향기, 새 소리, 부드러운 모래의 감촉… 이 평화로운 공간을 상상하면서 5~10분간 머물며 휴식을 취합니다.

긍정적인 이미지를 상상하더라도 뇌는 실제 경험한 것으로 착각하고 도파민, 엔돌핀과 같은 행복 호르몬을 분비합니다. 긍정적인 상상은 우리의 몸과 마음 건강에 직접적인 영향을 미치므로 매일 이러한 기법을 활용해 보는 것이 좋겠습니다.

다각도로 바라보기: 지혜로운 관찰자 되기

마지막으로 문제 상황을 다양한 각도에서 바라보는 연습을 해 봅시다. 먼저 자신의 입장에서 상황을 적어 보세요. 그다음 갈등을 겪는 상대방의 입장이 되어 그들의 감정과 생각을 적어 봅니다. 마지막으로 중립적인 제삼자의 시선으로 상황을 바라보고 기록합니다. 이렇게 다양한 관점을 탐색하면서, 상황을 더 넓고 깊게 이해할 수 있게 됩니다.

부정적인 감정이 느껴질 때 시각을 전환해 보면 그 감정에 매몰되지 않습니다. 자신의 입장에서 그 감정에 몰입하는 것이 아닌 타인의 관점, 제삼자의 관점으로 상황을 바라봅니다. 상황, 사고, 감정, 신체 감각을 새로운 관점에서 관찰해 보면 객관적인 시각에서 볼 수 있고 어떻게 행동해야 할지 올바른 판단을 할 수 있습니다.

내가 감정, 사고를 인식한 것과 실제의 감정, 사고는 다른 것입니다. 새로운 관점으로 상황을 바라보는 것은 고통스런 마음에서 벗어나는 데 도움이 됩니다. 힘든 상황에서 언제든지 관점을 바꿔 봄으로써 감정과 사고를 변화시킬 수 있습니다. 타인이나

제삼자의 관점에서 바라보면 '아~ 그럴 수 있겠구나.'라고 생각할
수 있습니다.

일상에서 아이, 남편, 주위 사람으로 인해 화나고 짜증이 날 때
가 많습니다. 그럴 때 심호흡을 하면서 상대방의 관점으로 상황
을 바라보고 그들이 느끼는 감정과 생각은 어떨지 느껴 보세요.
그리고 현명한 제삼자의 시각으로 그 상황을 바라보고 어떻게
느끼고 생각할지, 어떻게 대처하는 것이 자신을 위해 도움이 될
지 생각해 봅시다. 관점을 전환해 보는 것은 감정을 누그러뜨리
는 데 도움이 되고, 올바른 판단을 할 수 있게 합니다.

그 밖의 방법들

부모의 마음 건강을 관리하는 방법으로 자기 연민이 있습니
다. 자기 연민은 부모의 정신 건강에 중요한 요소입니다. 크리스
틴 네프(Kristin Neff) 박사의 연구에 따르면, 자기 연민은 스트레
스 감소와 웰빙 증진에 효과적입니다. 부모는 완벽할 필요가 없
다는 것을 인정하고, 자신에게 친절하게 대하는 연습을 할 수 있
습니다. 아이가 고집을 피울 때 부모는 잠시 멈추고 자신의 감정
을 인식하는 시간을 가질 수 있습니다. 예를 들어 "아, 지금 아이
가 떼를 쓰니까 내 마음이 답답하고 짜증이 나는구나." 이렇게
자신의 감정을 솔직히 인정하는 거죠. 그리고 "이 상황은 정말

힘겨워. 하지만 난 최선을 다하고 있어. 완벽할 필요는 없어."라고 스스로를 위로해 봅니다. "많은 부모들이 비슷한 어려움을 겪고 있어. 나만 그런 게 아니야."라고 생각하면 좀 더 마음이 편안해 질 겁니다.

또한 인지행동치료(Cognitive Behavioral Therapy, CBT)는 부정적인 사고 패턴을 인식하고 변화시키는 데 효과적입니다. 부모는 "나는 나쁜 부모야."와 같은 부정적 자동 사고를 "나는 최선을 다하고 있고, 계속 노력하고 있어."와 같은 더 균형 잡힌 사고로 바꾸는 연습을 할 수 있습니다.

코헨(Cohen)과 윌스(Wills) 박사의 연구(1985)는 사회적 지지가 스트레스의 부정적 영향을 완충한다는 것을 보여줍니다. 이는 부모의 스트레스 관리에 중요한 역할을 합니다. 부모 모임이나 온라인 커뮤니티에 참여하여 경험을 나누고 지지를 받는 것이 큰 도움이 될 수 있습니다.

화가 날 때 마음을 다스리는 방법으로 육아에서 잠시 벗어나 기분 전환을 하는 것도 좋습니다. 감각에 집중하며 마음의 평화를 찾아보세요.

• 온몸 스트레칭 : 천천히 기지개를 켜 보세요. 머리부터 발끝까지 차례로 근육을 풀어 주면 몸의 긴장이 풀리고 머리도 맑아

예민한 아이 욱하는 엄마

집니다.

- 환기하기: 창문을 열고 깊게 숨을 들이마셔 보세요. 새 공기를 마시며 긍정적인 에너지를 채우고, 내쉬면서 스트레스를 날려 보냅니다.

- 자연 속 산책: 잠깐이라도 밖에 나가 걸어 보세요. 나무와 꽃의 향기, 바람 소리에 귀 기울이다 보면 마음이 차분해지고 새로운 시각을 가질 수 있습니다.

- 물 마시기: 천천히 물을 마시며 그 느낌에 집중해 보세요. 시원한 물이 목을 타고 내려가는 감각을 느끼면 현재에 더 집중할 수 있습니다.

- 짧은 낮잠: 15-20분 정도의 낮잠은 피로를 풀어 주고 정신을 맑게 해 줘요. 단, 30분 이상 자면 오히려 더 피곤해질 수 있으니 주의하길 바랍니다.

- 얼굴 씻기: 차가운 물로 얼굴을 씻어 보세요. 이는 즉각적으로 정신을 맑게 하고 스트레스 호르몬을 줄이는 데 도움이 됩니다. 물의 촉감과 시원함에 집중하며 부정적인 감정을 씻어냅니다.

- 향기 테라피: 라벤더, 페퍼민트와 같은 에센셜 오일을 이용해 가벼운 마사지를 해 보세요. 향기는 뇌의 감정 중추에 직접적인 영향을 미쳐 기분을 안정시키는 데 도움이 됩니다.

• 균형 잡힌 운동하기 : 걷기, 스쿼트, 복싱과 같은 양측성 운동은 뇌의 좌우 균형을 잡아 주어 감정 조절에 효과적입니다. 이러한 운동은 스트레스 해소에도 좋습니다.

부모로서 자신을 돌보는 것은 매우 중요합니다. 정기적으로 나만의 시간을 가지세요. 운동이나 취미 활동, 혼자만의 시간을 갖는 것도 좋습니다. 이런 습관은 부모의 회복력을 높이고, 결과적으로 아이와의 관계도 개선됩니다.

육아는 정말 체력 싸움입니다. 아이와 놀이공원이나 수영장에 자주 가고 싶지만, 현실적으로 어려울 때가 많죠. 체력이 바닥났는데 무리하는 건 부모나 아이 모두에게 좋지 않습니다. 그럴 땐 완벽하려는 생각을 내려놓으세요. 집안일 할 때 가전제품을 활용하거나 가족, 외부 도움을 받는 것도 좋습니다. 식사 준비가 힘들면 배달 음식을 시키거나 아이들 식사를 사 오는 것도 괜찮습니다. 체력이 부족할 땐 일상의 부담을 줄이는 것이 중요합니다.

화나는 감정에서 벗어나 마음이 편안해지면 다음과 같이 아이와 대화할 수 있습니다.

엄마: 간식이 바닥에 쏟아졌네?
아이: (눈을 동그랗게 뜨고) 아… 낚시놀이 하다가 그릇을 엎어

예민한 아이 욱하는 엄마

버렸어요.

엄마: (아이를 자세히 살펴보며) 다친 데는 없니?

아이: 네, 괜찮아요.

엄마: 다치지 않아서 정말 다행이야. 놀다 보면 그럴 수 있지. 다음엔 조금만 더 조심하자.

부모가 아이의 실수에 화내지 않고 차분하게 상황을 살피며 아이를 먼저 걱정해 준다면 아이는 마음이 안정되고 자존감이 높은 아이로 자라게 됩니다. 아이는 부모가 화낼 만한 상황에 아이에게 화를 내지 않고 자신을 먼저 챙겨주는 모습에 감동합니다. 그리고 스스로 한 행동에 대해 부모에게 미안한 마음을 가지고 반성할 줄 알게 됩니다.

아이는 '어, 내가 과자 다 흘려서 엄마가 화낼 줄 알았는데, 내가 다쳤나 걱정하시네. 엄마가 나를 많이 걱정해 주시는구나.'라고 생각하며 부모에게 고마움을 느낍니다. 이렇게 성장한 아이는 자신을 소중한 존재로 인식하게 됩니다.

아이에게 화를 낸다고 해서 아이의 행동이 고쳐지지는 않습니다. 아이에게 반복적으로 화를 내게 되면 아이는 정서적으로 불안감이 높아집니다. 아이에게 부모의 사랑과 세심한 배려를 전해 주세요. 그러면 아이는 부모의 애정을 먹고 건강하게 성장할 수 있습니다.

　아이는 스트레스 상황에서 차분히 상황을 파악하고 문제를 해결해 나가는 부모의 모습을 그대로 본받습니다. 아이에게 바라는 행동을 부모가 먼저 보여 주어야 합니다. 그러면 아이는 부모가 바라는 행동을 반드시 실천할 겁니다.

예민한 아이 욱하는 엄마

부부싸움 후 아이 마음 달래기

갈등 후
치유의 대화법

상담을 하다 보면 잘 지내는 부부도 있지만, 때로 경제적 문제, 외도, 폭력, 육아 문제, 성격 차이 등으로 갈등을 겪을 수 있습니다. 우리의 결혼 생활은 좋을 때도 있지만 어려운 고비도 있게 마련입니다. 이러한 갈등은 아이들에게 심각한 영향을 미칠 수 있습니다.

부부 관계가 좋은 가정의 아이들은 안정감을 느끼고 사랑받고 있다고 생각합니다. 반면 부부가 자주 다투면 아이는 불안해하고 공포감을 느끼며 심리적으로 위축됩니다. 부부 싸움을 하는 장면을 목격한 아이는 몸을 벌벌 떨며 소리를 지르고 웁니다. 아이는 무섭고 두렵습니다. 자신이 어떻게 해야 될지 몰라 막막하고 마음이 불안합니다.

부부 싸움이 잦은 가정의 아이는 세상을 위험한 곳으로 인식하고 주변이 안전한 곳인지 매사에 살피고 신경을 곤두세웁니다. 부부 싸움은 아이의 생존을 위협할 만큼 아이에게는 치명적인 일입니다. 부부 싸움이 잦은 가정에서 자란 아이들은 기본적인 안정감이 부족할 수 있습니다. 이로 인해 작은 좌절에도 과도하게 반응하고 고집을 피우며 떼를 쓰는 행동을 보일 수 있습니다.

미국 오리건대학교의 연구진은 영아가 잠을 자고 있더라도 부부가 큰소리로 싸우는 목소리에 반복적으로 노출된다면 아이의 성장에 부정적인 영향을 끼친다는 것을 밝혀냈습니다. 영아 20명(생후 6~12개월)을 대상으로 수면 중 자기공명영상(fMRI)을 통해 뇌의 반응을 관찰한 결과, 아이가 수면 중에도 화난 목소리에 뇌가 반응한다는 것을 밝혔습니다. 화난 목소리에 노출되었을 때 시상하부, 대상피질, 시상과 같은 스트레스와 감정을 조절하는 뇌 부위가 활성화되었습니다. 이는 잠을 자는 아이라 할지라도 부부싸움에 반복적으로 노출될 경우 아이의 성장과 발달에 해를 끼칠 수 있음을 알려 줍니다.

커밍스(Cummings)와 데이비스(Davies) 박사의 연구(2010)에 따르면, 부부 갈등에 노출된 아이들은 정서적, 인지적, 행동적 문제를 겪을 가능성이 높습니다. 연구는 아이들이 이러한 갈등 상황에서 불안과 스트레스를 경험하며, 이는 장기적으로 발달과 정신 건강에 부정적인 영향을 미칠 수 있음을 강조합니다. 갈등 상황에서 아이들은 부모의 행동을 이해하려고 노력하며, 때로는 자신이 갈등의 원인이라고 생각할 수 있습니다. 이는 아이들의 자존감과 자기 인식에 영향을 줄 수 있습니다.

또한 어떤 아이들은 갈등 상황에서 회피하거나, 반대로 공격적이고 반항적인 행동을 보일 수 있습니다. 이러한 행동은 아이들의 사회적 관계와 학교 생활에 부정적인 영향을 미칠 수 있습니다. 이 연구는 또한 부모의 갈등이 반복될수록 아이들에게 미치는 부정적인 영향이 더욱 심각해질 수 있음을 강조합니다.

아이의 건강한 성장을 위해 부모는 아이에게 좋은 모습만 보여 주고 싶습니다. 하지만 의도치 않게 부부끼리 감정을 앞세워 비난하고 소리 지르며 다투는 모습을 아이에게 보여 줄 때가 있습니다. 다툰 뒤에 아이가 걱정되어 자신의 행동을 후회하고 어떻게 해야 될지 몰라 난감해 합니다. 모든 것이 뜻대로 되면 좋겠지만, 그렇지 않은 것이 우리의 인생입니다. 그 상황에서 스스로 최선을 다했다고 위로하고 보듬어 주세요. 부부 간의 갈등을 완전히 피할 수는 없지만, 그 영향을 최소화하고 아이에게 긍정적인 모델이 되도록 노력하는 것이 중요합니다.

부부끼리 자주 싸운 것을 자책하기보다는 아이의 정서적 안정을 위해 앞으로 어떻게 행동하면 좋을지 생각해 보세요. 마음이 힘든 아이에게 부모의 사랑과 관심을 표현해 주는 것이 가장 좋습니다. 부부싸움을 했다면, 부모가 먼저 아이에게 마음을 열고 다가가 대화를 시도해 봅니다.

> 엄마: 엄마랑 아빠가 다퉈서 미안해! 엄마랑 아빠가 다툰 건 네 잘못이 아니야. 엄마가 아빠에게 화나는 일이 있었어. 아빠랑 차분하게 이야기를 나눴어야 했는데, 엄마가 너무 화가 나서 거칠게 말한 것 같아. 너가 많이 놀래고 무서웠을 것 같아서 엄마는 걱정스러워. 엄마와 아빠가 다퉜을 때 너의 마음은 어땠는지 말해 줄 수 있어?
>
> 아이: 나는 엄마랑 아빠가 싸우지 않았으면 좋겠어요. 무서웠어요.
>
> 엄마: 많이 두렵기도 하고 속상했겠구나! (공감) 엄마와 아빠가 잘 지내길 바랐는데(욕구 인정), 싸우는 걸 보고 많이 놀랬지? 엄마가 많이 미안해. 앞으로는 엄마랑 아빠가 잘 지내도록 노력할게(잘못에 대한 인정). 우리 가족 모두가 행복하게 지낼 수 있도록 할게.

부부싸움을 했더라도 부모의 마음을 아이에게 진솔하게 표현

예민한 아이 욱하는 엄마

해 준다면 아이도 부모에게 진실된 마음을 보일 것입니다. 부모의 잘못으로 마음을 다친 아이에게 솔직한 마음을 털어놓을 수 있는 용기가 필요합니다.

무서워하는 아이의 마음을 공감해 주는 것이 중요합니다. 공감을 통해 아이는 '부모가 내 마음을 이해하고 있구나!'라고 느끼며 감정이 누그러집니다. 아이가 공감을 받으면 부모의 말이 들리기 시작합니다.

공감한 뒤에는 아이의 욕구를 헤아려 주면서, 부모의 잘못을 인정하고 미안한 마음을 표현해 줍니다. 부모가 아이에게 미안함을 표현하기보다는 "알겠어. 그만하고 자거라."와 같이 잘못한 행동을 그냥 얼버무리며 넘기는 경우도 있습니다. 아이에게 죽어도 미안하다는 말은 하지 못하겠다는 부모도 있습니다. 잘못을 인정하고 미안함을 표현하는 것은 용기 있는 마음에서 비롯됩니다. 자존감이 높은 부모는 아이에게 진심 어린 사과를 할 줄 압니다.

잘못을 인정하고 사과하는 환경에서 성장한 아이는 협력적인 인간관계를 맺고 사회성도 발달합니다. 비온 뒤에 땅이 더 굳어지듯이, 사과하는 말을 통해서 부모와 자녀의 관계가 더 신뢰 있고 돈독해질 것입니다.

우리는 부모로서 완벽할 수는 없지만, 아이에게 진실된 모습을 보여 줄 수 있습니다. 때로는 우리의 실수를 인정하고 사과하는 것이 어려울 수 있습니다. 하지만 이런 모습이야말로 아이에게 가장 값진 교훈이 될 수 있습니다. 아이는 우리를 통해 인간관계에서 진정성과 용기, 화해의 중요성을 배우게 됩니다.

예민한 아이 욱하는 엄마

애착 형성의 함정

피해야 할
독이 되는 말

아이에게 "양치해!", "장난감 다 치웠니?"와 같이 행동을 지시하거나 점검하는 표현을 주로 사용하는 부모가 있습니다. 이러한 대화 방식을 조작적 대화라고 하며, 이는 아이에게 부모가 원하는 행동을 하도록 지시하거나 제대로 행동한 것인지 확인하고 점검하는 방식입니다.

존 볼비(John Bowlby)의 연구에 따르면, 부모와의 애착 관계는 아동의 정서적, 행동적 발달에 중요한 역할을 합니다. 스루프(Sroufe) 박사와 동료들의 연구(2005)에 따르면, 건강한 애착 관계는 아이가 자신의 감정을 이해하고 적절히 표현하는 능력을 발달시키는 데 도움을 주며 부적응적 행동을 감소시킬 수 있습니다.

부모가 조작적 대화를 사용하다 보면 아이는 부모와 안정적인 애착 관계를 형성하기 어렵습니다. 아이에게 부모는 무섭고 피하고 싶은 대상이 될 수 있으며, 정신적 스트레스로 인해 집에 있는 것이 힘들어질 수 있습니다. 비난, 협박, 명령, 경고, 비교하는 식의 표현은 아이에게 불쾌감을 줄 뿐만 아니라 아이의 자존감에도 상처를 입힙니다.

그렇다면 부정적인 표현들을 긍정적이고 격려하는 말로 바꿔보는 것은 어떨까요?

아이가 비난하는 말을 들으면 '엄마 말은 듣고 싶지 않아, 짜증나!', '엄마가 시키는 대로 하기 싫어.', '난 멍청이야! 너무 슬퍼!'와 같은 느낌을 받게 됩니다. 이런 표현들은 아이에게 부정적인 영향을 줄 수 있습니다. 비난하는 말을 다음과 같이 긍정적이고 격려하는 표현으로 바꿔보세요.

"음료수를 먹기 싫다고 바닥에 던지면 어떡하니? 너 참 성격 참 괴팍하다."
→ "음료수를 바닥에 던지면 안 돼. 먹기 싫으면 그냥 말해줘."

"오늘 덥다고 했는데 겨울 바지를 입으면 어떡하니! 엄마 좀 그

예민한 아이 욱하는 엄마

만 괴롭혀.”

→ “오늘은 따뜻한 날씨네. 시원한 옷을 입으면 더 편할 것 같아.”

“그림 그리고 나서 색연필을 바닥에 다 쏟아 놓으면 어떡하니?
엄마 말을 이렇게 안 들어서 앞으로 어떻게 살래?”

→ “색연필로 멋진 그림을 그렸구나! 이제 정리할 때야. 엄마가
도와줄까?”

협박하는 말은 아이에게 불안감, 공포감, 슬픔, 외로움 등을 느
끼게 합니다. 협박하는 말을 하게 되면, 지금 당장은 아이가 고
집을 꺾고 부모의 말을 수용하는 것처럼 보일지도 모릅니다. 하
지만 이런 말들은 아이의 자존감을 떨어뜨리고 장기적인 관점에
서 아이의 행동을 변화시키는 데 도움이 되지 않습니다. 부모로
부터 협박하는 말을 자주 듣게 되면 아이는 부모가 없을 때 자신
이 원하는 행동을 몰래 하게 되고, 협박의 강도를 점점 높여도 내
성이 생겨 부모의 말에 꿈쩍도 하지 않게 됩니다. 협박하는 말을
다음과 같이 긍정적이고 격려하는 표현으로 바꿔보세요.

“집에 안 들어갈 거면 먼저 확 가버린다. 혼자 놀든지.”

→ “집에 가야 할 시간이야. 같이 가자, 네가 좋아하는 간식도

준비해 놨어.”

“지금 바로 밥 먹어! 밥 안 먹으면 다시는 밥 안 줘.”
→ “배고프지 않니? 맛있는 밥 먹으러 가자.”

“한 번만 더 선풍기에 손을 댔다가는 팔을 부러뜨려 버릴 줄 알아.”
→ “선풍기는 위험하니까 손대지 말아줘. 다칠 수 있어.”

부모가 아이에게 명령하는 말을 하게 되면, 아이는 반항심이
커져서 부모의 말을 듣지 않고 반발하게 됩니다. 아이는 '난 절대
시키는 대로 하지 않을 거야!', '내가 뭘 그리 잘못했다고 화를 내
지?', '일일이 간섭하니 숨이 막혀!'와 같은 마음을 느끼게 됩니다.
이러한 명령하는 말들도 아이의 자존감과 자율성을 해칠 수 있
습니다. 대신 아이의 협조를 요청하는 방식으로 표현을 바꾸는
것이 좋습니다. 명령하는 말을 다음과 같이 긍정적이고 격려하
는 표현으로 바꿔 보세요.

“지금 바로 장난감 정리해!”
→ “장난감 정리할 시간이야. 함께 해 볼까?”

"빨리 외투 입어, 어서!"

→ "밖에 나갈 준비 되었니? 외투를 입으면 좋겠어."

"조용히 입 다물고 있어!"

→ "지금은 조용히 해야 하는 시간이야. 조용히 할 수 있겠니?"

경고하는 말을 듣게 되면 아이의 불안감은 무의식적으로 높아집니다. 아이는 '세상은 위험하고 안전하지 않은 곳이야!', '무서워!', '두려워!'와 같은 느낌을 받게 됩니다. 경고하는 말을 다음과 같이 긍정적이고 격려하는 표현으로 바꿔보세요.

"길거리에서 엄마 손 안 잡고 다니면 차에 치여서 죽을 수 있어! 조심해!"

→ "길을 걸을 때는 엄마 손을 잡자. 그러면 더 안전하고 재미있게 걸을 수 있어."

"책상 위에 올라가지 마! 넘어지면 시퍼렇게 멍이 들 거야."

→ "책상 위에서 내려오렴. 의자에 앉아서 놀면 더 안전할 거야."

"냄비는 뜨거우니까 절대 만지면 안 돼. 만지면 크게 다쳐서 병원에 실려갈 거야."

→ "냄비는 뜨거우니까 만지면 안 돼. 다칠 수 있어."

부모가 다른 사람과 아이를 비교하게 되면 아이는 부모와 비교 대상에게 적대감을 가지게 됩니다. 아이는 '엄마가 나를 싫어하는구나!', '언니가 미워!', '난 바보 같은 아이야!'와 같은 느낌을 받게 됩니다. 아이를 비교하지 말고, 아이의 개인적인 성장과 노력을 격려하는 것이 좋습니다.

"언니는 식사할 때 옷에 음식을 흘리지 않잖니? 언니한테 좀 배워."

→ "식사할 때 옷에 음식이 묻지 않게 조심해 보자. 잘할 수 있을 거야."

"동생 반만큼이라도 닮아 봐. 형이 모범을 보여야지. 그렇게 준비성이 없어서 어떡하니?"

→ "동생에게 좋은 모습을 보여 주자. 잘할 수 있어."

"누나는 알아서 책도 잘 보고 방 청소도 잘하지. 같은 배에서 나왔는데, 어쩜 이렇게 다를까?"

→ "책도 잘 보고 방 청소도 잘할 수 있어. 엄마가 도와줄게."

조작적 대화 대신
교류적 대화 하기

아이와의 대화, 그 작은 씨앗이 아이의 마음을 키웁니다. 우리가 무심코 내뱉는 말 한마디가 아이의 자아상을 형성하는 데 얼마나 큰 영향을 미치는지 아시나요? 비난, 협박, 명령, 경고, 비교와 같은 조작적 대화는 아이의 마음에 '난 멍청해!', '난 쓸모없는 아이야!'라는 부정적인 생각의 씨앗을 심습니다. 이런 씨앗들이 자라나면 아이의 정서와 심리 발달에 그림자를 드리우게 됩니다.

조작적 대화는 아이의 세계관을 왜곡시키고, 그 결과 우울, 불안, 신체화 증상 같은 문제들이 싹틉니다. 이런 마음의 상처는 자라면서 더 큰 문제로 번질 수 있어요. 공황장애, 등교 거부, 섭식장애, 스마트폰 중독 등이 그 예입니다.

그렇다면 우리는 어떻게 해야 할까요? 바로 '교류적 대화'입니다. 교류적 대화는 부모의 감정과 생각을 표현하면서도 아이의 마음을 이해하고 존중하는 따뜻한 대화 방식입니다. 이런 대화를 나누는 부모는 아이의 마음을 잘 읽고, 필요할 때 위로의 말을 건넵니다. 실수했을 때도 너그럽게 용서하며 올바른 길을 함께 찾아갑니다. 다음의 예시를 참고하여 아이와 건강한 대화를 이어가시길 바랍니다.

"오늘 우리 함께 놀았던 시간이 정말 즐거웠어. 네가 있어 엄마는 행복해."

"우와, 기차 타고 여행가면 얼마나 신나겠어! 창밖 구경하면서 달리고 싶지 않니?"

"네가 엄마랑 같이 있어줘서 고마워. 네 덕분에 엄마 마음이 따뜻해졌어."

이렇게 교류적 대화를 나누다 보면, 아이는 부모에게 마음을 열고 더 가까이 다가올 겁니다. 물론 훈육도 중요하지만, 그보다 더 중요한 건 부모가 아이에게 안전한 안식처가 되어 주는 것입니다. "언제나 네 편이야"라는 마음으로 소통하면, 아이는 밝고 긍정적으로 자랄 수 있습니다.

교류적 대화는 아이의 자존감을 높이고, 부모의 마음도 평온하게 만듭니다. 이런 대화 속에서 자란 아이는 타인과의 소통도 원활하고 친절한 태도를 보입니다. 결국 가족 모두가 행복해지고, 집에는 웃음꽃이 피어나겠죠.

우리의 말과 행동, 생각이 아이들의 첫 번째 교과서입니다. 아이의 마음이 건강하게 자라도록 따뜻한 대화를 나누며, 행복한 일상을 함께 만들어 가세요. 부모의 사랑이 아이 성장의 가장 큰 힘이 됩니다. 오늘부터 작은 변화를 시작해 보는 건 어떨까요?

부모와 아이의 끈끈한 유대감

사랑의 끈 엮는
비밀 레시피

엄마의 품은 아이에게 세상에서 가장 따뜻한 안식처입니다. 잠들기 전 엄마에게 안겨 엄마의 향기를 맡으며 행복해하는 아이의 모습은 정말 사랑스럽지요. 이런 교감은 단순한 신체 접촉을 넘어 아이에게 큰 행복과 안정감을 줍니다.

갓 태어난 연약한 아이는 본능적으로 자신을 보호해 줄 누군가에게 의지합니다. 그 대상은 자신을 편안히 돌봐주고 심리적으로 편안하게 만들어 주는 사람일 것입니다. 이것이 바로 애착(attachment)의 시작입니다. 애착은 생존을 위한 본능이며, 부모와 아이 사이의 친밀한 유대감은 서로에게 행복을 선사합니다.

안정적인 애착 관계에서 자란 아이는 감정 표현이 더 풍부해지고, 부모는 아이의 신호에 민감하게 반응할 수 있게 됩니다. 반면 불안정한 애착 관계에서는 아이가 자신의 욕구가 충족되지 않을 것이라는 불안감을 느낄 수 있고, 이는 과도하게 떼쓰는 행동으로 이어질 수 있습니다.

돈독한 애착 관계를 위해서는 스킨십도 중요하지만, 말로 표현하는 사랑과 감사의 마음도 큰 역할을 합니다. 아이에게 전하는 긍정적인 말 한 마디는 아이의 자존감을 높이고 정서를 안정시키는 마법 같은 힘이 있어요. 소중한 아이를 위해 다음과 같이 섬세하고 따뜻한 사랑의 말을 들려주세요.

"우리 아이는 정말 특별해. 하늘이 준 선물 같아."
"네가 우리 가족이 되어 줘서 엄마는 정말 행복해. 고마워."
"엄마는 너를 하늘의 별만큼 사랑해."
"네가 무엇을 하든 엄마는 늘 널 자랑스러워해."
"네 웃음소리를 들으면 엄마 마음도 행복해져."
"우리 아이는 이 세상에서 가장 소중한 보물이야. 엄마에게는 네가 최고야."
"네 마음이 예뻐서 그런지 얼굴도 반짝반짝 빛나는 것 같아. 넌 정말 아름다운 아이야."
"엄마는 네가 무엇이든 잘 할 수 있다고 믿어. 넌 정말 대단한 아이야."

"우리 둘이 앞으로도 쭉 사이좋게 지내자. 엄마는 너를 항상 아끼고 사랑할 거야."

"네 마음을 솔직하게 말해줘서 고마워. 그렇게 말해 주니 엄마가 네 마음을 더 잘 알 수 있어."

이런 따뜻한 말들은 아이의 마음을 튼튼하게 만들고, 세상을 바라보는 긍정적인 시각을 길러줍니다. 아이의 실수나 어려움 앞에서도 이렇게 말해주세요.

"실수해도 괜찮아. 엄마는 언제나 네 편이야."

"힘들 때는 언제든 말해. 함께 해결해 보자."

아이의 작은 노력이나 친절한 행동도 놓치지 말고 칭찬해 주세요.

"방 정리를 도와줘서 고마워. 네 덕분에 일이 훨씬 쉬워졌어."

"친구를 도와주는 네 모습이 정말 자랑스러워."

해맑게 웃는 아이를 보면 세상 전부를 가진 것 같은 기분이 들지 않나요? 이런 행복한 가정을 만들기 위해 아이에게 예쁜 말을 자주 들려주세요. 우리가 듣는 말이 우리의 세계관을 만들듯, 부모의 말은 아이의 인생 전체에 큰 영향을 미칩니다. 아이의 자아를 단단하게 만드는 힘은 바로 부모의 말에서 나옵니다.

아이의 삶을 축복하고 행복으로 인도하는 것, 그것이 바로 부모의 말입니다. 소중한 우리 아이에게 줄 수 있는 가장 값진 선물은 바로 따뜻한 사랑의 말이에요. 오늘부터 아이에게 더 많은 사랑의 말을 들려주는 건 어떨까요? 그 작은 변화가 아이의 인생을 밝게 비추는 빛이 될 거예요.

· Ainsworth, M. D. S., Blehar, M. C., Waters, E., & Wall, S. (1978). Patterns of attachment: A psychological study of the strange situation. Lawrence Erlbaum.

· Aktar, E., Majdandžić, M., de Vente, W., & Bögels, S. M. (2013). The interplay between expressed parental anxiety and infant behavioural inhibition predicts infant avoidance in a social referencing paradigm. Journal of Child Psychology and Psychiatry, 54(2), 144-156.

· American Psychiatric Association. (2013). Diagnostic and statistical manual of mental disorders (5th ed.). Arlington, VA: American Psychiatric Publishing.

· Arain, M., Haque, M., Johal, L., Mathur, P., Nel, W., Rais, A., Sandhu, R., & Sharma, S. (2013). Maturation of the adolescent brain. Neuropsychiatric Disease and Treatment, 9, 449-461. https://doi.org/10.2147/NDT.S39776

· Baillargeon, R. H., Zoccolillo, M., Keenan, K., Côté, S., Pérusse, D., Wu, H. X., ... & Tremblay, R. E. (2007). Gender differences in physical aggression: A prospective population-based survey of children before and after 2 years of age. Developmental Psychology, 43(1), 13-26.

· Bandura, A. (1977). Self-efficacy: Toward a unifying theory of behavioral change. Psychological Review, 84(2), 191-215.

· Bandura, A. (1977). Social learning theory. Prentice Hall.

· Bandura, A. (1997). Self-efficacy: The exercise of control. W.H. Freeman and Company.

· Barkley, R. A. (1997). ADHD and the nature of self-control. Guilford Press.

· Barkley, R. A. (2014). Attention-deficit hyperactivity disorder: A handbook for diagnosis and treatment. Guilford Publications.

· Baumrind, D. (1966). Effects of authoritative parental control on child behavior. Child Development, 37(4), 887-907.

· Baumrind, D. (1991). The influence of parenting style on adolescent competence and substance use. The Journal of Early Adolescence, 11(1), 56-95.

· Baumrind, D. (1996). The discipline controversy revisited. Family Relations, 45(4), 405-414.

· Bowlby, J. (1982). Attachment and loss: Retrospect and prospect. American Journal of Orthopsychiatry, 52(4), 664-678.

· Bowlby, J. (1988). A secure base: Parent-child attachment and healthy human development. Basic Books.

· Cain, S. (2012). Quiet: The power of introverts in a world that can't stop talking. Crown Publishers.

· Campbell, S. B. (2006). Behavior problems in preschool children: Clinical and developmental issues. Guilford Press.

· Cañas, J. J., Quesada, J. F., Antolí, A., & Fajardo, I. (2003). Cognitive flexibility and adaptability to environmental changes in dynamic complex problem-solving tasks. Ergonomics, 46(5), 482-501.

· Carlson, S. M. (2005). Developmentally sensitive measures of executive function in preschool children. Developmental Neuropsychology, 28(2), 595-616.

· Carlson, S. M., Zelazo, P. D., & Faja, S. (2013). Executive function. In P. D. Zelazo (Ed.), The Oxford handbook of developmental psychology, Vol. 1: Body and mind (pp. 706-743). Oxford University Press.

· Casey, B. J., Tottenham, N., Liston, C., & Durston, S. (2005). Imaging the developing brain: What have we learned about cognitive development? Trends in Cognitive Sciences, 9(3), 104-110. https://doi.org/10.1016/j.tics.2005.01.011

· Cloninger, C. R., Svrakic, D. M., & Przybeck, T. R. (1993). A psychobiological model of temperament and character. Archives of General Psychiatry, 50(12), 975-990.

· Cohen, S., & Wills, T. A. (1985). Stress, social support, and the buffering hypothesis. Psychological Bulletin, 98(2), 310-357.

· Coie, J. D., Dodge, K. A., & Kupersmidt, J. B. (1990). Peer group behavior and social sta-

예민한 아이 욱하는 엄마

tus. In S. R. Asher & J. D. Coie (Eds.), Peer rejection in childhood (pp. 17–59). Cambridge
University Press.

· Cole, P. M., Armstrong, L. M., & Pemberton, C. K. (2010). The role of language in the de-
velopment of emotion regulation. In S. D. Calkins & M. A. Bell (Eds.), Child development
at the intersection of emotion and cognition (pp. 59-77). American Psychological Associa-
tion.

· Cole, P. M., Michel, M. K., & Teti, L. O. (1994). The development of emotion regulation
and dysregulation: A clinical perspective. Monographs of the Society for Research in Child
Development, 59(2-3), 73-100.

· Coplan, R. J., Rose-Krasnor, L., Weeks, M., Kingsbury, A., Kingsbury, M., & Bullock, A.
(2013). Alone is a crowd: Social motivations, social withdrawal, and socioemotional func-
tioning in later childhood. Developmental Psychology, 49(5), 861-875.

· Cummings, E. M., & Davies, P. T. (2010). Marital conflict and children: An emotional
security perspective. Guilford Press.

· Deci, E. L., & Ryan, R. M. (2000). The "what" and "why" of goal pursuits: Human needs
and the self-determination of behavior. Psychological Inquiry, 11(4), 227-268.

· Donnellan, M. B., Trzesniewski, K. H., Robins, R. W., Moffitt, T. E., & Caspi, A. (2005).
Low self-esteem is related to aggression, antisocial behavior, and delinquency. Psychological
Science, 16(4), 328-335.

· Duckworth, A. L., Peterson, C., Matthews, M. D., & Kelly, D. R. (2007). Grit: Perseve-
rance and passion for long-term goals. Journal of Personality and Social Psychology, 92(6),
1087-1101.

· Durrant, J., & Ensom, R. (2012). Physical punishment of children: lessons from 20 years of
research. Canadian Medical Association Journal, 184(12), 1373-1377.

· Dweck, C. S. (2006). Mindset: The new psychology of success. Random House.

· Dweck, C. S. (2006). Mindset: The new psychology of success. Random House.

· Eisenberg, N., Cumberland, A., & Spinrad, T. L. (2001). Parental socialization of emotion.
Psychological Inquiry, 12(1), 1-23.

· Eisenberg, N., Cumberland, A., Spinrad, T. L., Fabes, R. A., Shepard, S. A., Reiser, M., ... & Guthrie, I. K. (2001). The relations of regulation and emotionality to children's externalizing and internalizing problem behavior. Child Development, 72(4), 1112-1134.

· Eisenberg, N., Spinrad, T. L., & Eggum, N. D. (2010). Emotion-related self-regulation and its relation to children's maladjustment. Annual Review of Clinical Psychology, 6, 495-525. https://doi.org/10.1146/annurev.clinpsy.121208.131208

· Eisenberger, N. I., Lieberman, M. D., & Williams, K. D. (2003). Does rejection hurt? An fMRI study of social exclusion. Science, 302(5643), 290-292.

· Erikson, E. H. (1963). Childhood and society (2nd ed.). W. W. Norton & Company.

· Essex, M. J., Klein, M. H., Cho, E., & Kalin, N. H. (2002). Maternal stress beginning in infancy may sensitize children to later stress exposure: Effects on cortisol and behavior. Biological Psychiatry, 52(8), 776-784. https://doi.org/10.1016/S0006-3223(02)01553-6

· Fantuzzo, J. W., & Mohr, W. K. (1999). Prevalence and effects of child exposure to domestic violence. The Future of Children, 9(3), 21-32. https://doi.org/10.2307/1602779

· Gee, D. G., Humphreys, K. L., Flannery, J., Goff, B., Telzer, E. H., Shapiro, M., Hare, T. A., Bookheimer, S. Y., & Tottenham, N. (2013). A developmental shift from positive to negative connectivity in human amygdala–prefrontal circuitry. Journal of Neuroscience, 33(10), 4584-4593. https://doi.org/10.1523/JNEUROSCI.3446-12.2013

· Gershoff, E. T. (2002). Corporal punishment by parents and associated child behaviors and experiences: A meta-analytic and theoretical review. Psychological Bulletin, 128(4), 539-579. https://doi.org/10.1037/0033-2909.128.4.539

· Ginott, H. G. (2003). Between parent and child: The bestselling classic that revolutionized parent-child communication. New York: Three Rivers Press.

· Goodman, S. H., Rouse, M. H., Connell, A. M., Broth, M. R., Hall, C. M., & Heyward, D. (2011). Maternal depression and child psychopathology: A meta-analytic review. Clinical Child and Family Psychology Review, 14(1), 1-27. https://doi.org/10.1007/s10567-010-0080-1

· Gordon, T. (2000). Parent effectiveness training: The proven program for raising responsib-

예민한 아이 육하는 엄마

le children. New York: Three Rivers Press.

· Gottman, J. M., & DeClaire, J. (1997). The heart of parenting: How to raise an emotionally intelligent child. Simon & Schuster.

· Gottman, J. M., Katz, L. F., & Hooven, C. (1996). Parental meta-emotion philosophy and the emotional life of families: Theoretical models and preliminary data. Journal of Family Psychology, 10(3), 243-268.

· Granic, I., & Patterson, G. R. (2006). Toward a comprehensive model of antisocial development: A dynamic systems approach. Psychological Review, 113(1), 101-131. https://doi.org/10.1037/0033-295X.113.1.101

· Graziano, P. A., Slavec, J., Ros, R., Garb, L., Hart, K., & Garcia, A. (2015). Self-regulation assessment among preschoolers with externalizing behavior problems. Psychological Assessment, 27(4), 1337-1348. https://doi.org/10.1037/pas0000113

· Green, M., & Palfrey, J. S. (Eds.). (2002). Bright futures: Guidelines for health supervision of infants, children, and adolescents (2nd ed.). National Center for Education in Maternal and Child Health.

· Grolnick, W. S. (2003). The psychology of parental control: How well-meant parenting backfires. Psychology Press.

· Grolnick, W. S., Deci, E. L., & Ryan, R. M. (1997). Internalization within the family: The self-determination theory perspective. In J. E. Grusec & L. Kuczynski (Eds.), Parenting and children's internalization of values: A handbook of contemporary theory (pp. 135-161). John Wiley & Sons.

· Havighurst, S. S., Wilson, K. R., Harley, A. E., Prior, M. R., & Kehoe, C. (2010). Tuning in to Kids: improving emotion socialization practices in parents of preschool children–findings from a community trial. Journal of Child Psychology and Psychiatry, 51(12), 1342-1350.

· Huttenlocher, P. R., & Dabholkar, A. S. (1997). Regional differences in synaptogenesis in human cerebral cortex. Journal of Comparative Neurology, 387(2), 167-178.

· Kabat-Zinn, J. (2003). Mindfulness-based interventions in context: Past, present, and future. Clinical Psychology: Science and Practice, 10(2), 144-156.

· Kaufman, J. C., & Sternberg, R. J. (Eds.). (2010). The Cambridge handbook of creativity. Cambridge University Press.

· Kim, S., & Kochanska, G. (2012). Child temperament moderates effects of parent-child mutuality on self-regulation: A relationship-based path for emotionally negative infants. Child Development, 83(4), 1275-1289.

· Kochanska, G., & Aksan, N. (1995). Mother-child mutually positive affect, the quality of child compliance to requests and prohibitions, and maternal control as correlates of early internalization. Child Development, 66(1), 236-254.

· Kochanska, G., & Aksan, N. (2006). Children's conscience and self-regulation. Journal of Personality, 74(6), 1587-1618. https://doi.org/10.1111/j.1467-6494.2006.00421.x

· Kochanska, G., Philibert, R. A., & Barry, R. A. (2009). Interplay of genes and early mother-child relationship in the development of self-regulation from toddler to preschool age. Journal of Child Psychology and Psychiatry, 50(11), 1331-1338.

· Kopp, C. B. (1989). Regulation of distress and negative emotions: A developmental view. Developmental Psychology, 25(3), 343-354.

· Kosfeld, M., Heinrichs, M., Zak, P. J., Fischbacher, U., & Fehr, E. (2005). Oxytocin increases trust in humans. Nature, 435(7042), 673-676. https://doi.org/10.1038/nature03701

· Ladd, G. W. (2006). Peer rejection, aggressive or withdrawn behavior, and psychological maladjustment from ages 5 to 12: An examination of four predictive models. Child Development, 77(4), 822-846.

· Leary, M. R., Twenge, J. M., & Quinlivan, E. (2006). Interpersonal rejection as a determinant of anger and aggression. Personality and Social Psychology Review, 10(2), 111-132. https://doi.org/10.1207/s15327957pspr1002_2

· Lewis, M., & Ramsay, D. (2005). Infant emotional and cortisol responses to goal blockage. Child Development, 76(2), 518-530.

· Meltzoff, A. N., & Moore, M. K. (1977). Imitation of facial and manual gestures by human neonates. Science, 198(4312), 75-78.

예민한 아이 육하는 엄마

· Mikulincer, M., & Shaver, P. R. (2007). Attachment in adulthood: Structure, dynamics, and change. Guilford Press.

· Mischel, W., Shoda, Y., & Rodriguez, M. L. (1989). Delay of gratification in children. Science, 244(4907), 933-938.

· Moffitt, T. E., Arseneault, L., Belsky, D., Dickson, N., Hancox, R. J., Harrington, H., ... & Caspi, A. (2011). A gradient of childhood self-control predicts health, wealth, and public safety. Proceedings of the National Academy of Sciences, 108(7), 2693-2698.

· Neff, K. D. (2011). Self-compassion, self-esteem, and well-being. Social and Personality Psychology Compass, 5(1), 1-12.

· Patterson, G. R. (1982). Coercive family process. Castalia Publishing Company.

· Patterson, G. R. (1982). Coercive family process. Eugene, OR: Castalia.

· Piaget, J. (1952). The origins of intelligence in children. International Universities Press.

· Piquero, A. R., Jennings, W. G., Farrington, D. P., Diamond, B., & Gonzalez, J. M. R. (2016). A meta-analysis update on the effectiveness of early self-control improvement programs to improve self-control and reduce delinquency. Journal of Experimental Criminology, 12(2), 249-264. https://doi.org/10.1007/s11292-016-9257-z

· Potegal, M., & Davidson, R. J. (2003). Temper tantrums in young children: 1. Behavioral composition. Journal of Developmental & Behavioral Pediatrics, 24(3), 140-147.

· Potegal, M., & Davidson, R. J. (2003). Temper tantrums in young children: 1. Behavioral composition. Journal of Developmental & Behavioral Pediatrics, 24(3), 140-147. https://doi.org/10.1097/00004703-200306000-00002

· Potegal, M., Kosorok, M. R., & Davidson, R. J. (2003). Temper tantrums in young children: 2. Tantrum duration and temporal organization. Journal of Developmental & Behavioral Pediatrics, 24(3), 148-154.

· Rosenthal, R., & Jacobson, L. (1968). Pygmalion in the classroom. The Urban Review, 3(1), 16-20.

· Rothbart, M. K., & Derryberry, D. (1981). Development of individual differences in temperament. In M. E. Lamb & A. L. Brown (Eds.), Advances in developmental psychology

(Vol. 1, pp. 37-86). Erlbaum.

· Rubin, K. H., Coplan, R. J., & Bowker, J. C. (2009). Social withdrawal in childhood. Annual Review of Psychology, 60, 141-171.

· Ryan, R. M., & Deci, E. L. (2000). Self-determination theory and the facilitation of intrinsic motivation, social development, and well-being. American Psychologist, 55(1), 68-78.

· Schultz, W. (1998). Predictive reward signal of dopamine neurons. Journal of Neurophysiology, 80(1), 1-27. https://doi.org/10.1152/jn.1998.80.1.1

· Seligman, M. E. (1975). Helplessness: On depression, development, and death. W H Freeman/Times Books/ Henry Holt & Co.

· Siegel, D. J., & Hartzell, M. (2003). Parenting from the inside out. Penguin.

· Skinner, B. F. (1953). Science and human behavior. Macmillan.

· Smetana, J. G. (1999). The role of parents in moral development: A social domain analysis. Journal of Moral Education, 28(3), 311-321.

· Sokol, J. T. (2009). Identity development throughout the lifetime: An examination of Eriksonian theory. Graduate Journal of Counseling Psychology, 1(2), Article 14. https://epublications.marquette.edu/gjcp/vol1/iss2/14

· Sroufe, L. A. (1995). Emotional development: The organization of emotional life in the early years. Cambridge University Press.

· Sroufe, L. A., Egeland, B., Carlson, E. A., & Collins, W. A. (2005). The development of the person: The Minnesota study of risk and adaptation from birth to adulthood. Guilford Press.

· Stack, D. M., & Muir, D. W. (1992). Adult tactile stimulation during face-to-face interactions modulates five-month-olds' affect and attention. Child Development, 63(6), 1509-1525.

· Thomas, A., & Chess, S. (1977). Temperament and development. Brunner/Mazel.

· Thompson, R. A. (2016). Early attachment and later development: Reframing the questions. In J. Cassidy & P. R. Shaver (Eds.), Handbook of attachment: Theory, research, and clinical applications (3rd ed., pp. 330-348). Guilford Press.

· Tremblay, R. E. (2010). Developmental origins of disruptive behaviour problems: The 'original sin' hypothesis, epigenetics and their consequences for prevention. Journal of Child Psychology and Psychiatry, 51(4), 341-367.

· Uematsu, A., Matsui, M., Tanaka, C., Takahashi, T., Noguchi, K., Suzuki, M., & Nishijo, H. (2012). Developmental trajectories of amygdala and hippocampus from infancy to early adulthood in healthy individuals. PloS One, 7(10), e46970.

· Vygotsky, L. S. (1978). Mind in society: The development of higher psychological processes. Harvard University Press.

· Wakschlag, L. S., Choi, S. W., Carter, A. S., Hullsiek, H., Burns, J., McCarthy, K., ... & Briggs-Gowan, M. J. (2012). Defining the developmental parameters of temper loss in early childhood: Implications for developmental psychopathology. Journal of Child Psychology and Psychiatry, 53(11), 1099-1108.

· Weinberg, M. K., Tronick, E. Z., Cohn, J. F., & Olson, K. L. (1999). Gender differences in emotional expressivity and self-regulation during early infancy. Developmental Psychology, 35(1), 175-188. https://doi.org/10.1037/0012-1649.35.1.175

· Yeager, D. S., & Dweck, C. S. (2012). Mindsets that promote resilience: When students believe that personal characteristics can be developed. Educational Psychologist, 47(4), 302-314.

· Zelazo, P. D., Müller, U., Frye, D., & Marcovitch, S. (2003). The development of executive function in early childhood. Monographs of the Society for Research in Child Development, 68(3), vii-137.

내면이 단단한 아이로 키우는 엄마의 말 연습

예민한 아이 욱하는 엄마

ⓒ 박태연 2025

인쇄일 2025년 2월 10일
발행일 2025년 2월 17일

지은이 박태연
펴낸이 유경민 노종한
책임편집 권순범
기획편집 유노라이프 권순범 구혜진 **유노북스** 이현정 조혜진 권혜지 정현석 **유노책주** 김세민 이지윤
기획마케팅 1팀 우현권 이상운 **2팀** 이선영 최예은 전예원
디자인 남다희 홍진기 허정수
기획관리 차은영
펴낸곳 유노콘텐츠그룹 주식회사
법인등록번호 110111-8138128
주소 서울시 마포구 월드컵로20길 5, 4층
전화 02-323-7763 **팩스** 02-323-7764 **이메일** info@uknowbooks.com

ISBN 979-11-94357-12-4 (13190)